프로바둑강좌 · 고급활용 5

공격과 방어를 위한
결정적인 한수

10단 大竹英雄 지음
프로바둑연구회 편

太乙出版社

머리말

이 책은 중반의 공방에 포인트를 두고 중급자를 위해 쓴 것입니다.

중반의 공방은 일국의 바둑의 절정일 것입니다. 중요도에서 말하면 포석도 끝내기도 사활도 중반전도 모두 똑같이 중요하지만, 중반전의 공방은 매우 화려한 것으로 아마 기사 여러분이 가장 주목하는 곳임에 틀림없을 것입니다. 공방에는 표적이 있습니다. 표적이 과녁을 맞추느냐, 표적이 희망대로 실현되느냐, 때로는 승패에 직결될 것입니다. 이 책을 「공격과 방어를 위한 결정적인 한 수」로 한 것도 이러한 여러 양상, 변화를 알기 쉽게 설명하고 싶었기 때문입니다. 이 책의 범위는 중반전의 다방면에 걸치고 있으므로 멋진 맥이나 부분적인 묘수는 별로 문제 삼고 있지 않습니다. 결국 이러한 의미에서 이 책은 조금은 더 평범한 것이 되었을지도 모릅니다. 중반전의, 눈에 띄지는 않지만 저력을 키우는 것이 이 책의 목적입니다.

'형' '맥' '급소' '공방' 의 4장으로 나누어 보았습니다. 중반의 공방의 기초가 되는 가장 중요한 네 개의 기둥이기 때문입니다. 형은 돌의 모습, 스타일. 맥은 부분전에서의 능란한 태도. 급소는 돌의 심장이며, 공방의 결절점. 공방은 싸움의 테크닉과 수읽기. 이러한 것을 공부합니다.

또 이 책은 대담 형식으로 이야기를 진행하기 위해 두 명의 중급자를 등장시켰습니다. 1급의 正夫씨와 5급의 春子씨. 두 사람은 가공의 인물이 아닌 제가 아는 사람을 힌트로 하였습니다. 正夫씨는 앞으로 입단, 春子씨는 3년 후 입단을 향해 노력하고 있는 표준적인 바둑 기량입니다.

저를 포함하여 세 명이 특별훈련을 하였읍니다. 그 이를 테면 비디오테입이 이 책입니다. 하루에 한 장(一章), 4일에 네 장(四章). 이 4일간의 특별훈련이 正夫와 春子 씨에게 무엇을 가져왔을 것입니다. 이 책을 손에 쥔 당신 에게 무엇을 줄 것입니다. 저로서는, 자신이 종래 갖지 못 했던, 중요한 것 하나만을 이 책에서 얻어낼 수 있다면 하 고 바라고 있읍니다. 이 책에서는 여러가지 테마가 닥치 는 대로 나열되어 있으나, 당신의 피와 살이 되는 테마가 하나라도 많을 것을 바랍니다.

차 례 *

제 1 장

모양있게 두자

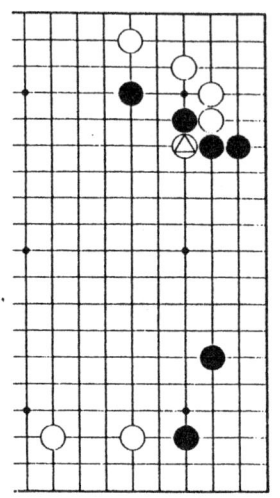

제
1
형

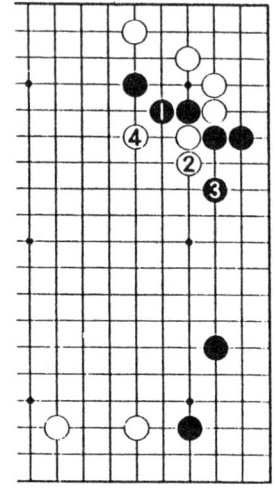

1
도

떼어내서 모양을 정돈한다

大竹 그럼, 바로 시작합시다. 오늘은 첫째 날. '모양있게 두자'는 것이 테마입니다. 正夫씨도, 春子·씨도 분발해 주십시오.

正夫, 春子 예!

大竹 제1형입니다만 △로 끊어 왔읍니다. 그럼 혹은 어떻게 모양을 정리하겠읍니까?

正夫 어쩐지 불쾌한 끊음이군요. 저라면 1도 혹1로 당길까.

大竹 春子·씨는?

春子 저도 正夫씨와 마찬가지.

大竹 처음부터 사이가 좋군요. 백2, 흑3, 백4라는 싸움이 될 것 같지만 이것은 흑에게 힘겨운 싸움입니다.

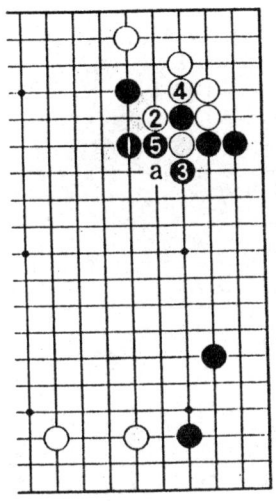

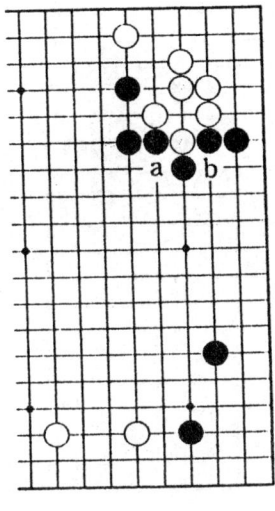

正夫 산뜻이라…… 2도 흑1로 뛰는 것은 백2로 먹힐 테고.

大竹 흑1이 정해입니다.

正夫 예! 우연히 말했는데. 그래도 백2로 먹히는데요.

大竹 먹혀도 괜찮습니다. 흑3·5로 완봉할 수 있읍니다. 흑5에서 a로 당기는 것은 좀 느슨한 것 같습니다.

春子 전, 흑5는 두지 않습니다. 흑a로 당깁니다. 3도 a와 b의 끊음이 겁나기 때문에……

大竹 그런 것을 겁내서는 안됩니다. 첫째 패가 달려 있고, 백은 끊어도 별 볼일 없읍니다.

正夫 2도가 흑이 좋은 것은 알겠읍니다. 그러나 흑1로 뛰면 이런 식으로 됩니까?

大竹 아니, 완봉되어서는 괴로우니까 2도와 같이는 안됩니다. 4도 백2로 뻗어올 것입니다. 그래서 흑3의 맞

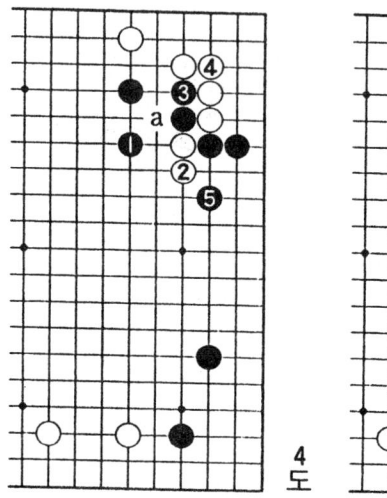

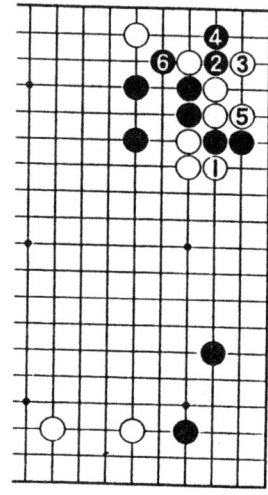

4도

5도

댐을 성공시키고 흑5의 뜀. 이 싸움은 모양이 산뜻하여 앞의 1도보다도 훨씬 좋습니다.

正夫 어쩐지 그런 기분이 들었읍니다.

大竹 흑a로 당기고 나서라면 흑3, 백4의 효력이 쓸모 없어질 것입니다. 그러므로 흑a의 당김은 모처럼의 효력 있는 줄기를 무효로 만들어 버립니다.

春子 어렵군요.

大竹 너무 어렵게 생각할 필요는 없읍니다. 앞의 1도 와 4도를 비교하여 4도 쪽이 좋은 모양이라는 감만 잡 으십시오.

正夫 감(感)만으로 좋다니 안심입니다. 그런데 大竹 선 생님, 백은 4도 4의 이음으로 5도 백1 이하로 나오지 않습니까.

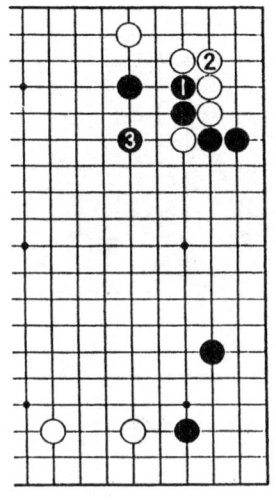 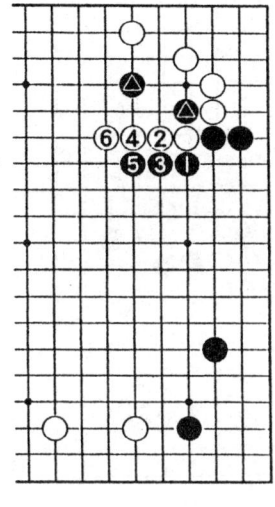

大竹 예, 그래도 그 정도는 正夫씨, 읽을 수 있겠지요.

正夫 흑2로 끊을까? 백3·5에서 두 점 먹히는……

大竹 그러나, 흑6으로 감싸 흑 충분히 분열됩니다.

正夫 6도, 먼저 흑1로 두는 것은?

大竹 이상한 것을 생각했군요. 백2, 흑3이면 마찬가지입니다. 그러나 백2에서 무슨 일을 당할지 모릅니다. 역시 먼저 3에 뛰는 것이 바른 순서입니다.

春子 저, 7도 흑1로 맞대면 안됩니까.

大竹 자연히 흑3·5로 쭉쭉 밀어갑니다만, ●를 버리는 것은 손실이 너무 큽니다.

正夫 손실이 크다! 春子씨.

春子 알았읍니다! 正夫 선생님.

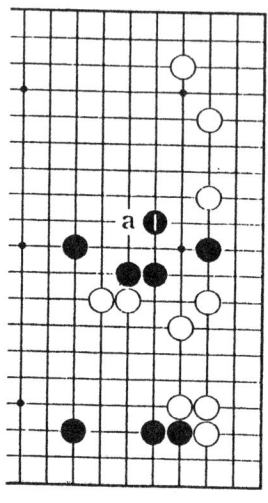

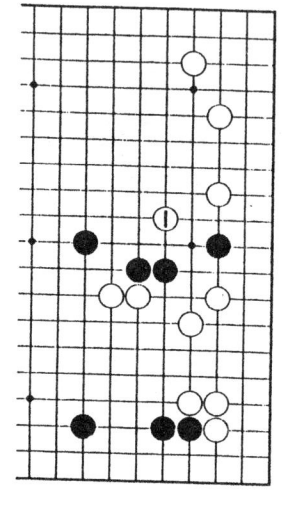

제2형

1도

모양의 급소

大竹 다행이 시작이 좋군요. 그럼 이런 것은 어떻습니까. 제2형 흑1로 대비합니다. 이것은 모양의 급소입니다.

正夫 알고 있읍니다. 이건 상식.

大竹 과연 1급이니 환하군요. 실례했읍니다.

春子 모양의 급소이군요. 흑1과 흑a, 비슷하군요.

正夫 어느쪽이든 좋습니까.

大竹 어느쪽이든 좋다는 것은 아니지만, 흑1로 한 수 경계해 두면 안심. 공격받을 염려는 없읍니다.

春子 아무것도 두지 않으면 무서운 일이 있을까요, 大竹 선생님.

大竹 正夫 선생, 어떻습니까.

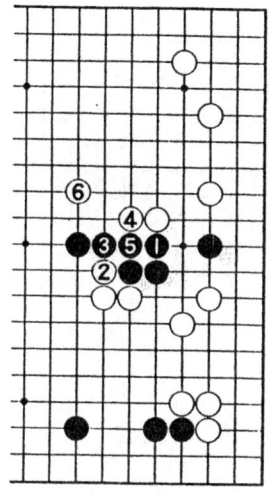

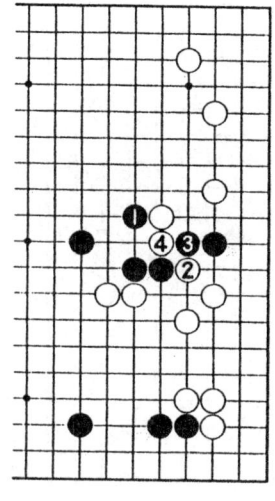

正夫 격언에 말하기를, 적의 급소는 나의 급소. 1 도 백 1 로 두게 하여 곤란합니다.

大竹 어쩐지 호조가 아닙니까. 백 1 의 후는 어찌 됩니까?

正夫 그것은 전혀 모르겠읍니다.

大竹 갑자기 의지할 데가 없어졌군요. 그래도 괜찮습니다. 나중에 어찌되든 백 1 에 두면 좋습니다. 이것으로 흑은 흔들거릴테니.

春子 어쩐지, 흑은 끊긴 것 같군요. 2 도 흑 1 로 지킬까요.

大竹 백 2 · 4 를 끊게 하여 백 6. 흑은 보기에도 무참한 우형입니다. 이렇게 되면 흑은 패배입니다.

春子 아니, 그렇게 심합니까?

正夫 3 도 흑 1 로 붙여도 백 2 · 4 의 절단이 있군요.

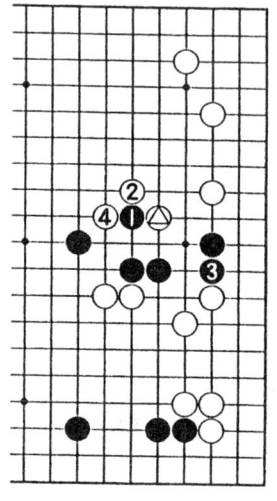

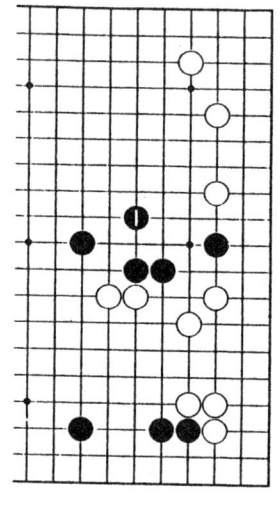

大竹 4도 흑1에는 백2로 젖혀도 좋습니다. 흑3에 이어져도 백4. 위쪽의 백 모양을 넓히면서 전체의 공격을 즐깁니다. 이렇게 되는 것도 △가 모양의 급소를 찔렀기 때문입니다.

正夫 바둑은 인간의 몸과 같군요. 엉덩이 같은 데는 아무리 부딪혀도 아프지 않지만 정강이뼈는 사무치니까.

春子 바둑도 사무치는 급소와 그렇지 않은 엉덩이 같은 곳이 있다……

正夫 그런데 5도 흑1은 이대로 좋았군요.

大竹 그런대로 좋습니다. 이것으로 일단 확실한 모양이 되어 있으니. 어떻게 하든 흑은 한 수 경계해 둘 모양입니다.

春子 저, 이런 것은 안됩니까. 6도의 흑1……

大竹 안될 것은 없읍니다. 한 수는 한 수이니. 적어도

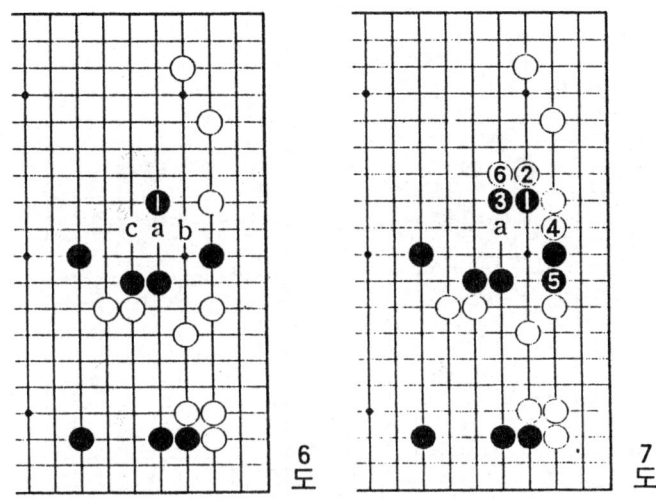

6도

7도

백a로 급소를 잘릴 수는 막고 있읍니다. 그러나 조금 허술한 것이 난점. 직접적으로 백b와 c같은 언짢은 감이 남읍니다.

正夫 과연, 조금 약하다는 것이군요. 7도 흑1로 붙이는 것은? 흑1·3으로 붙여뻗으면 순조롭게 모양을 갖출 수 있을 것 같습니다. 이것은 작용하지 않습니까.

大竹 작용하고 있는 것은 좋습니다만, 백을 굳히고 있는 점을 간과해서는 안됩니다. 백4에서 6으로 밀려 백집이 굳어질 것입니다. 이 백집은 아직 맛이 있는 곳이니 가능하면 굳히고 싶지 않습니다.

正夫 흑a의 뜀은 걸음이 느리지만, 소위 묘수이군요. 너무 서둘러서는 안된다……

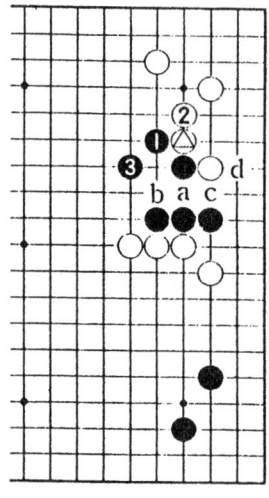

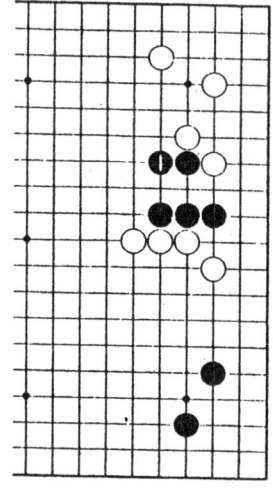

제 3 형

1 도

돌을 버려 정형(整形)

大竹 그럼 다음의 테마로 옮깁니다. 제3형은 흑이 약 공격받고 있습니다. ◯의 젖힘에 대해서는 흑1로 젖 힘, 백2, 흑3 걸쳐이음이 되는 것이 실전에 잘 나타나는 모양입니다.

正夫, 春子 …… ?

大竹 이 후 백a에는 흑b의 패로 받든지, 흑c. 또 흑d의 붙임이 있으므로 상당히 눈모양이 풍부한 모양입니다.

正夫, 春子 …… ?

大竹 어렵습니까.

春子 아주 어렵습니다. 흑은 젖혔지만 1도 흑1에 뻗 으면 안됩니까.

大竹 아주 확실한 좋은 수입니다. 그러나 이 경우는 가

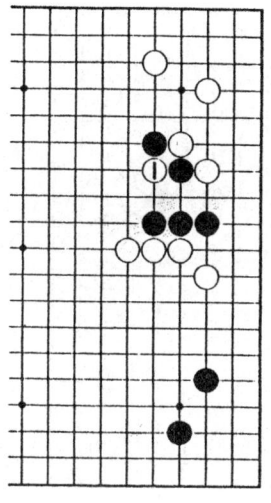 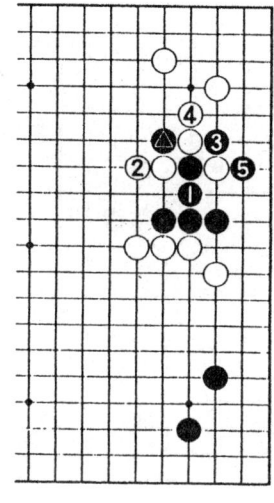

능한 한 눈모양이 많은 모습을 고르고 싶습니다. 1도의 나열은 눈모양이 부족하고 모양도 답답합니다. 이곳은 가볍게 젖혀둘 느낌입니다.

正夫 '수습은 가볍게'라는 말이 있었지요. 그럼 다음은 저의 의문. 백은 왜 2도 1로 끊지 않습니까?

大竹 끊으면 어떻게 됩니까.

正夫 3도 단수이므로 흑1의 이음.

大竹 백2라면?

正夫 흑3·5로 한 점 따고……

大竹 너무 비좁지 않습니까. 설령 살았다 해도 이런 좁은 삶은 안됩니다. ●를 따게 하여 백이 튼튼해집니다. 正夫씨, 단수이므로 잇지 않으면 안된다는 것은 잘못된 생각. 요컨대 흑1이 악수라는 것입니다. ●를 버리지 않는 방법을 생각해 보십시오.

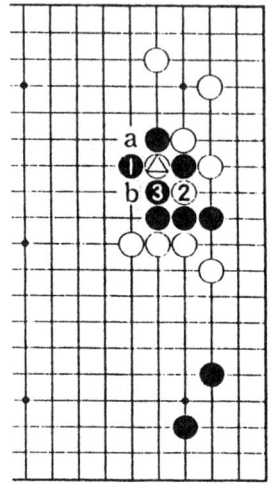

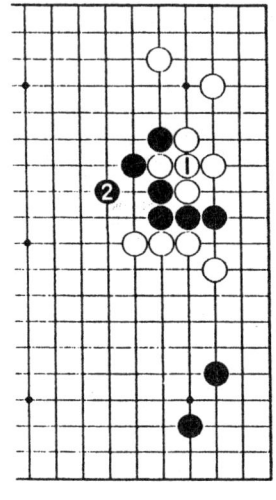

正夫 4 도 △ 의 끊음에 대해서는 흑 1 로 다시 맞대어 볼까요.

春子 백 2 로 먹힙니다.

大竹 먹혀도 괜찮습니다. 먹힌 뒤 흑 3 으로 맞댑니다.

春子 흑은 어쩐지 a 나 b 의 끊음이 걱정입니다.

大竹 春子씨는 약간 단점공포증(斷点恐怖症)이군요. 패가 있으니까 아무것도 걱정할 것은 없읍니다.

正夫 5 도 백 1 로 패를 이으면?

大竹 흑 2 에 걸쳐이어 둡니다. 어떻습니까. 흑은 튼튼해지고 모양이 정돈되었을 것입니다. 다시 맞대어 한 점 희생한 덕분입니다. 이렇게 모양을 정돈하는 전법은 실전에서 많이 나오니 잘 기억해 두십시오.

春子 大竹 선생님, 하나 질문이 있읍니다. 6 도 흑 3 에 뻗는 것은 어떻습니까. a 에 두기 보다 이 편이 확실히 연

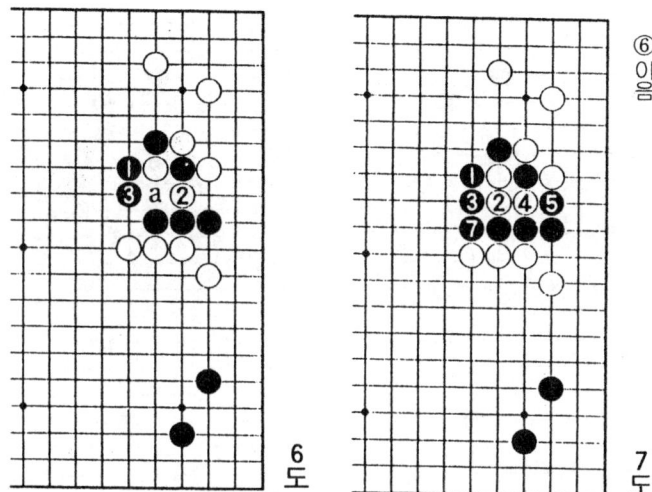

6 도

7 도

결되어 있는 것 같은데……

　大竹　확실히 연결되어는 있지만 눈모양이 다릅니다. **4 도** 쪽이 눈모양이 많이 있읍니다. 흑 1 · 3 은 견고하지만 느슨한 모양입니다.

　正夫　저도 자칫 **6 도**와 같이 둘 지 모르겠읍니다. 春子 씨의 말, 무시할 수 없읍니다.

　春子　**7 도** 흑 1 일 때 백 2 로 뻗어오지 않습니까.

　大竹　백 2 는 악수. 흑 3 · 5 로 조르고, 흑 7 에 이어 둡니다.

　正夫　흑은 더욱더 튼튼해졌군요.

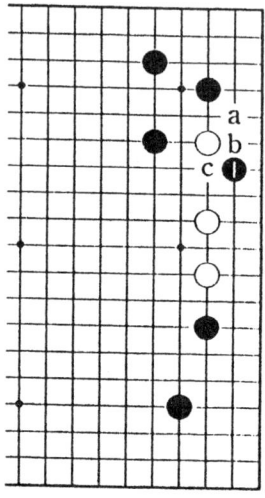

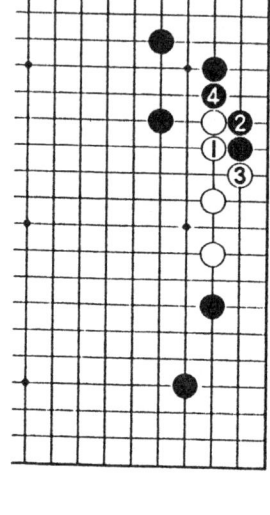

제4형

1도

바싹 조여 정형

大竹 그럼 이번에는 제4형 흑1로 뛰어드는 수를 연구합시다. 여러 가지 모양을 닥치는 대로 살펴갈테니……

正夫 이 수는 어떤 의미입니까.

春子 아주 이상한 수군요, 이런 곳에서 살 수 있을까.

大竹 아니, 죽으려는 것입니다.

春子 무슨 말인지 잘 모르겠읍니다. 저라면 a에 마늘모하여 끝내겠읍니다.

正夫 저는 b나 c에 붙임을 생각……

大竹 흑1은 正夫씨의 b나 c에서 한 걸음 더 내딛어 두려는 것입니다. 깜짝 놀랄 정도로 이상한 수는 아닙니다. 우선 먼저 1도 백1이라면 흑2로 팽팽히 당기고 흑4까지.

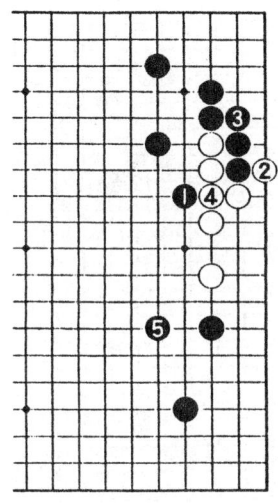 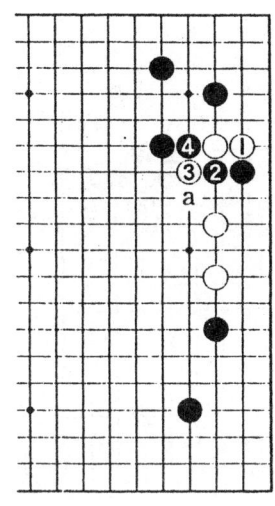

2도 　 　 3도

正夫 아주 크게 파고들었군요.

大竹 파고들었을 뿐만 아니라 2도 흑1의 엿보기를 둘수 있으므로 백은 좀 답답한 꼴이 됩니다. 흑5에 뛰는 요령으로 공격도 재미있읍니다.

春子 그래도 3도 백1로 눌러오지 않읍니까? 그렇게 둔다면 어쩐지 먹힐 것 같은데……

正夫 먹히다니? 그럼 큰일인데.

大竹 먹힌다고 간단히 결정을 내리지 마십시오. 요컨대 먹히는 편이 문제입니다.

春子 예. 흑은 3도 2로 둡니까.

大竹 그대로입니다. 백3에 흑4로 끊읍니다. 절대 끊지 않으면 안됩니다.

正夫 다음에 흑a라면 축인데.

大竹 축으로 두면 상관없읍니다. 그럼 백은 어떻게 두

24

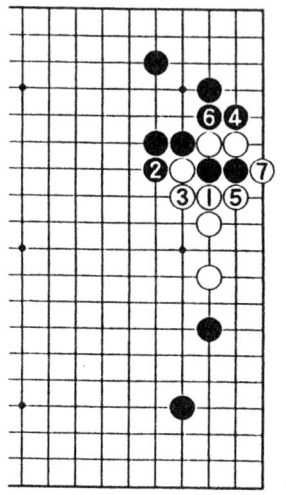

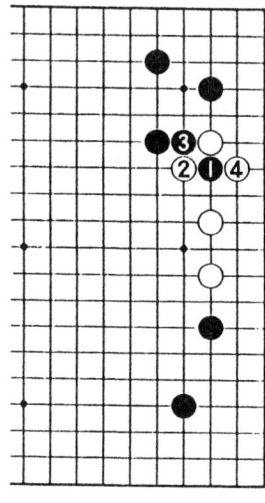

4
도

5
도

겠읍니까?

正夫 4 도 백 1 ……

大竹 예. 흑2로 맞대고, 4 · 6 을 성공시킵니다.

正夫 春子 역시 먹혔어. 역시 공배였다.

大竹 두 분 무엇이 아쉽습니까. 잘 보십시오. 백은 두 점 따도 집이 아주 조금 늘었을 뿐, 흑은 2 · 4 · 6 으로 전부 두었으므로 귀가 완전히 굳어지지 않았읍니까.

正夫, 春子 흑이 득입니까?

大竹 그렇습니다. 5급인 春子씨는 몰라도 正夫씨는 1 급이니 흑이 좋다는 것 쯤은 알아야 합니다. 입단 전이 니 ……

正夫 부끄럽습니다. 두 점 먹힌 데에만 눈이 가서. 그래 도 멋진 수가 있읍니다. 저라면 **5 도** 흑 1 로 붙이겠읍니 다만 ……

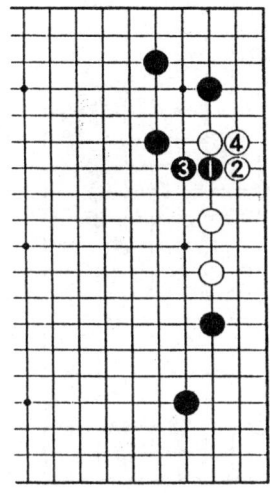

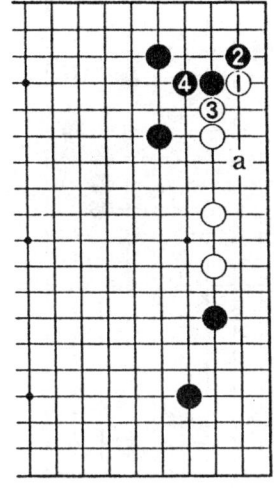

大竹 그것은 별로 대단치 않습니다. 백2·4로 먹혀짓 눌리지 않습니까. 흑3에서 4로 내리는 것은 백3에 이어집니다.

正夫 6도 백2로 아래에서 받는 것은?

大竹 그렇게 두어도 흑이 버는 것은 생각할 수 없읍니다. 흑1·3으로 두 개의 돌이 오니 무슨 좋은 일이 있겠읍니까. 한편 백2·4에 의해 귀의 흑 집은 허술해집니다.

春子 7도 흑a 같은 수를 맥이라고 하지요?

大竹 백이 그것을 막으려면 백1·3으로 둡니다.

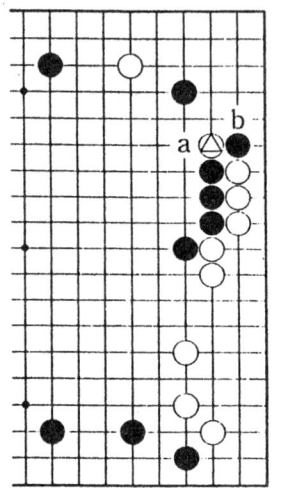

제
5
형

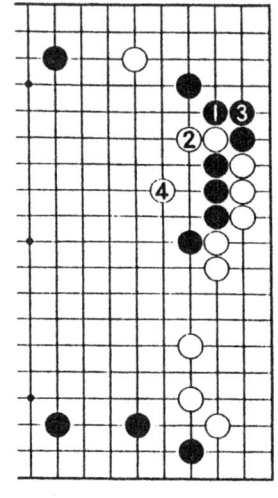

1
도

두 점으로 버린다

大竹 그럼 이번에는 두 분에게 맡길까요. 제 5 형 지금 △에 끊어왔읍니다. '모양있게 두자' 는 표어에 걸맞는 방법을 찾아 보십시오.

正夫 기분나쁜 끊음이군. 저는 흑a로 맞대겠읍니다. 나중은 알 수 없지만.

春子 전, 곤란한데. 흑b로 당기겠읍니다.

大竹 正夫씨의 흑a가 정해입니다. 단, 그 후가 문제. 마지막까지 바로 두면 아마 3단은 될 것입니다. 우선 나쁜쪽부터 차례로 보겠읍니다.

1 도 흑 1 의 맞댐. 이것은 최저. 백 2 에 흑 3 으로 잇지 않으면 안되고, 백 4 로 급소에 몰렸읍니다. 이 싸움은 분명 백이 유리합니다.

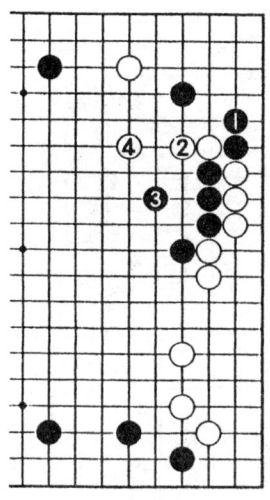 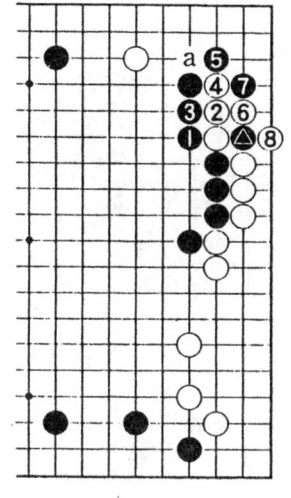

2도   3도

正夫 아, 그렇지. 백 4 는 '세 집의 한가운데' 의 급소이군요.

大竹 그렇습니다. 흑이 두든, 백이 두든 네 점의 급소. 다음이 春子씨의 2도 흑1. 1도보다는 이 편이 낫습니다.

春子 아, 다행이군. 최저가 아니라……

大竹 그러나 백 2 로 세워 이 싸움도 흑은 자신없습니다.

正夫 흑은 어쩐지 귀가 약한 것 같군요.

大竹 그러니까 3도 흑1의 맞댐이 떠오릅니다. 요컨대, 흑1 쪽으로 맞대고 ●를 버립니다. ●를 버리므로써 모양을 정돈합니다.

正夫 백 2 로 뻗겠지요? 흑 3 으로 위를 잇습니까?

大竹 백 4 에서 8 까지. a의 큰 끊음이 남습니다. 이 그림은 70점입니까……

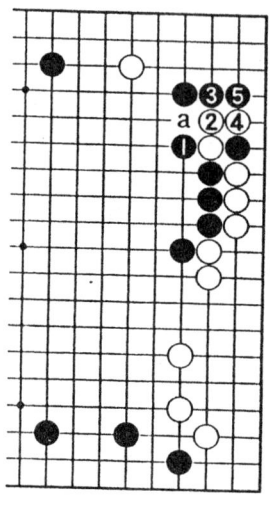 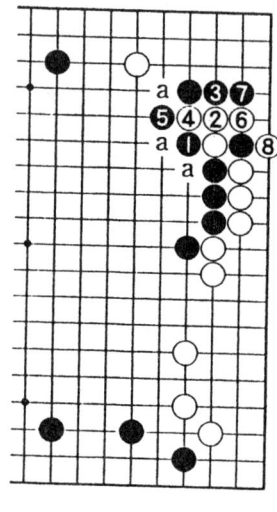

　正夫　4도 흑1로 맞대고, 흑3으로 누르는 것은 어떻습니까. 흑5 이후 흑a로 맞대면 완전히 봉쇄할 수 있으니 이것은 맛이 좋습니다.

　大竹　그러나 백a로 반대로 나올지도 모르고, 5도 흑1·3일 때 백4로 나올 수도 있습니다.

　春子　어쩐지 a의 끊음이 있어 기분나쁜 분위기이군요.

　大竹　그렇습니다. 게다가 또 하나. 4도는 후수를 당기고 있습니다. 앞의 3도는 일단 흑의 선수였습니다. 자아, 이것으로 전부 나왔습니다. 이제 정해를 알겠지요?

　正夫　…… 春子씨, 압니까?

　春子　모르겠읍니다. 正夫씨, 압니까?

　正夫　모릅니다.

　大竹　그럼, 다시 한 번. 처음부터 6도 흑1, 백2는 좋다고 하고 다음의 수가 문제입니다.

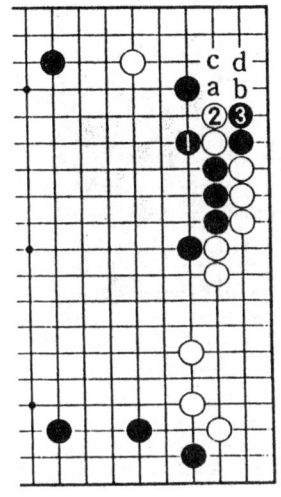

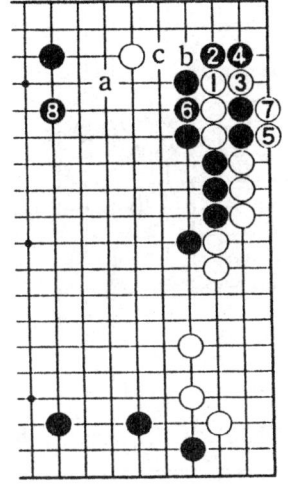

正夫 흑 3 으로 길까?

大竹 바로, 맞습니다.

正夫 그렇지만 설마. 백a, 흑b, 백c, 흑d로 기어도…

大竹 그런 바보같은 이야기는 바둑에는 없습니다. 7도 백 1 일 때 흑 2 로 누릅니다. 백 3 에 흑 4. 백 7 까지 선수로 결정짓고, 예를 들면 흑 8 에서 돌아갑니다.

正夫 생각났다. '두 점으로 버려라' 이군요.

大竹 그렇습니다. 두 점 뺏겼다고 손해를 보았다고 생각하면 안됩니다. 이 그림은 흑이 아주 잘 두고 있습니다. 그러므로 6도 백도 흑 3 일 때 그대로 둡니다. 또한 흑 8 은 단단하게 두면 a이고, 백b의 끊음은 흑c로 걱정없읍니다.

大竹 그럼, 이런 것은 어떻습니까. 8도 ⬤로 끊길 뻔했읍니다. 흑 두 점은 돕는 수는 아닙니다. 유감이지만 똑

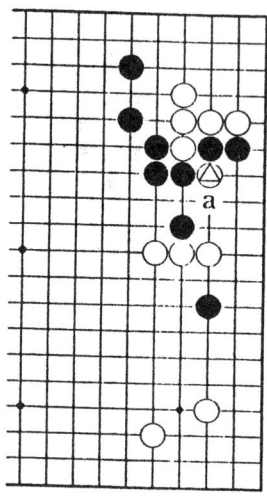

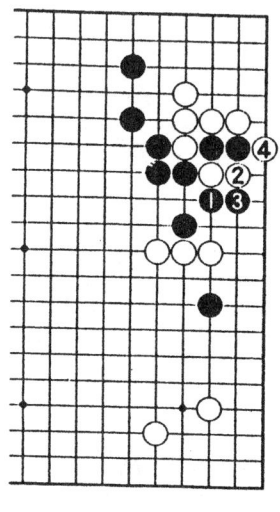

같이 먹히는 것이라도 어떻게 먹히느냐 가 문제입니다.

　正夫　도저히 살아날 수 없다면 흑a로 맞대어 버립니까.

　春子　……저도……

　大竹　9 도이군요. 단순히 이것밖에 없다. 그러나 흑 1·3 으로 왔을 때 좋은 일이라도 있읍니까.

　正夫　별로 이렇다 할 것은 없읍니다.

　大竹　그렇습니다. 좀더 유효한 방법은 없읍니까.

　正夫　10 도 흑 1 쪽에서 맞대는 것일까.

　大竹　그렇습니다. 그것이 정해.

　正夫　백 2 에 흑 3 쪽에서 나오는 수밖에 없다.

　春子　아, 백 6 까지. 먹혀버렸읍니다. 두 점이 세 점이 되어 먹혔읍니다.

　正夫　그럼 이것도 '두 점으로 버려라'의 연장이군요. '두 점은 세 점으로 버려라'……

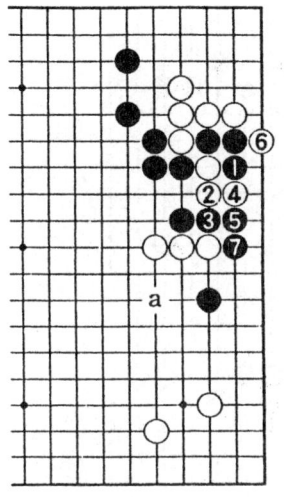

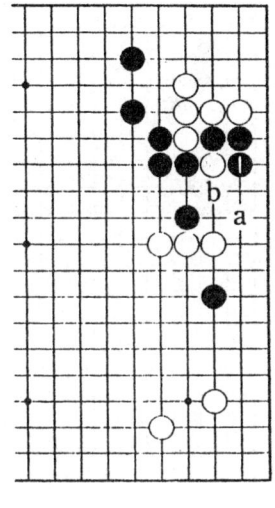

大竹 그렇습니다. 돌이라는 것은 수를 하나 불리고 나서 버리는 것입니다. 이 경우 세 점으로 한 덕분에 흑7의 건넘이 생겼습니다. 물론 바로 흑7로 건너지 않아도 괜찮습니다. 흑a로 뛰어 싸울 수도 있습니다. 어쨌든 언제든지 건넘이 있는 것이 강점입니다.

正夫 그래도 11도 흑1일 때 그대로 내팽개쳐 두겠읍니까. 그렇게 되면 건넘이 없읍니다.

大竹 그때는 흑a로 뛰어 땁니다. a에 두면 다음에 건넘이 있읍니다.

春子 흑b로 빼는 것은 건넘이 없군요.

大竹 그렇습니다. a로도 딸 수 있으므로 a의 쪽이 이득입니다.

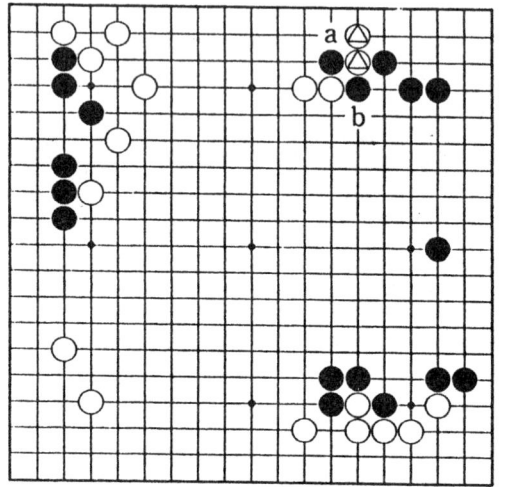

전국을 보는 눈

大竹 이번에는 전국 문제입니다. 제 6 형은 지금으로써는 오른쪽 위의 귀가 문제입니다. 흑의 차례에서 어떻게 두겠읍니까.

正夫 ⊘ 두 점을 딸 수 있군요, 어떻게 딸까.

春子 이 모양, 흑a에 두면 딸 수 있겠지요?

正夫 그렇지. 그것으로 딸 수 있읍니다. 그렇지만 그것으로 괜찮을까.

春子 이 두 점은 따지 않으면 안됩니까? 그렇게 큽니까?

正夫 물론 큽니다. 大竹 선생님, 잘 모르겠지만 흑a로 하겠읍니다.

大竹 春子씨는?

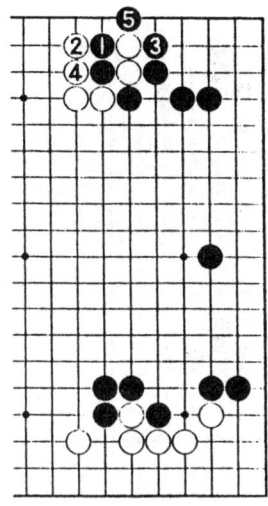

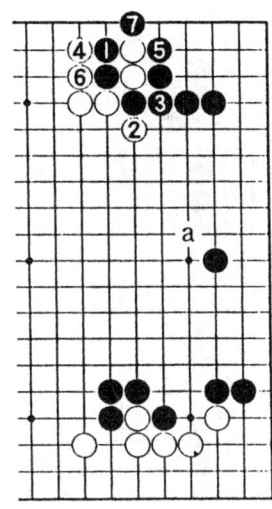

1도   2도

春子 전, 흑b로 두겠읍니다. 붙여뻗는 정석같이 두면 흑의 모양이 커질테니.

大竹 멋집니다! 春子씨가 바로 정해입니다. 흑b에 뻗는 이유도 아주 좋습니다.

正夫 졌군, 졌어. 그렇지만 春子씨가 정해를 맞추는 일도 있군요.

大竹 그럼, 正夫씨의 답부터 살펴봅시다. 1도의 흑1입니다만 백은 어떻게 두겠읍니까, 正夫씨.

正夫 백2·4로 짓누릅니다. 이건 흔히 있는 모양입니다.

大竹 낙제입니다. 유단자 대학에 입학할 수 없읍니다. 2도 백2로 먼저 하나 맞대고 나서 백4·6입니다.

春子 正夫씨, 하나 맞댐 잊었군요.

大竹 백2는 아주 중요한 수로 백a로 없앴을 때 백2,

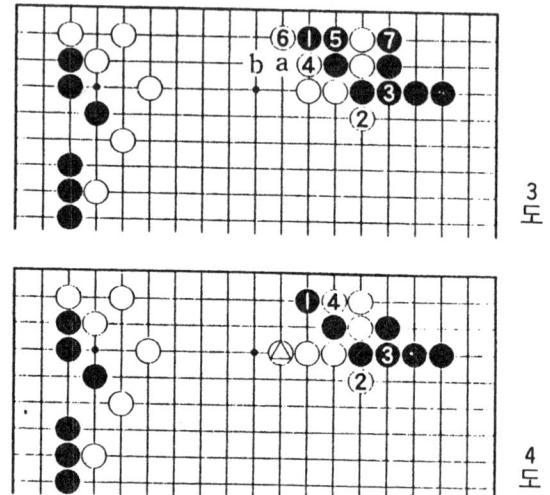

3
도

4
도

혹 3 의 교환이 말해줍니다.

大竹 그리고 또 하나, 문제가 있습니다. 이 경우는 3 도 혹 1 의 마늘모로 따지 않으면 안됩니다.

正夫 아, 그 방법이 있었군. 과연 마늘모로도 딸 수 있군요. 그렇지만 어떻게 다릅니까.

大竹 앞의 2 도를 보십시오. 혹은 선수로 결정지을 것입니다. 이번에는 어떻게 되겠읍니까.

正夫 3 도 백 2 의 맞댐을 잊어서는 안됩니다. 거기서 백 4 · 6.

大竹 그렇습니다. 그럼 백은 a에 결함이 있을 것입니다. 부분적으로는 백b로 걸쳐잇는 모양이므로 혹이 선수를 쥐게 됩니다. 즉, 혹 1 은 백의 벽에 단락을 짓는 수입니다.

春子 그렇게까지 생각을 짜내는군요.

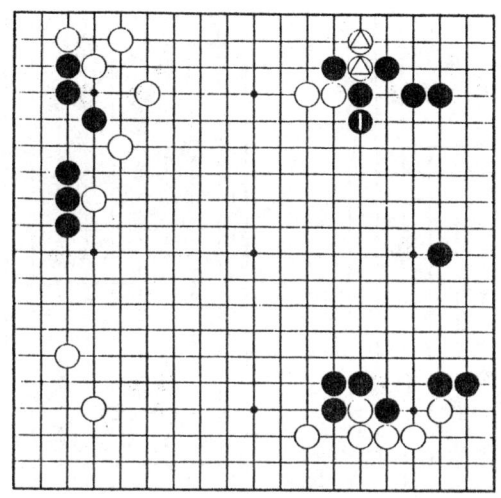

5
도

大竹 대단한 생각은 못됩니다. 이것은 바둑 테크닉의 기본.

春子 어떤 때에나 마늘모로 따는 것이 좋습니까?

大竹 그렇지는 않습니다. 가령 4도 ◯에 백 돌이 있을 때는 마늘모는 금물.

春子 알겠읍니다. 백 2·4로 두게 하여 안된다는 것이지요?

大竹 그렇습니다. 그러므로 흑은 4로 두어 땁니다. 그런데 春子씨의 5도 흑 1. 이것은 아주 좋은 수입니다. ◯의 두 점을 따기보다 우변의 큰 모양을 중요시 하는 것은 좋은 감각입니다.

春子 제 감각이 좋습니까?

大竹 그렇고 말고요. 이 바둑은 우변의 흑 모양이 주인공이 되어 이야기가 진행될 터. 흑 1은 상대역보다도 주

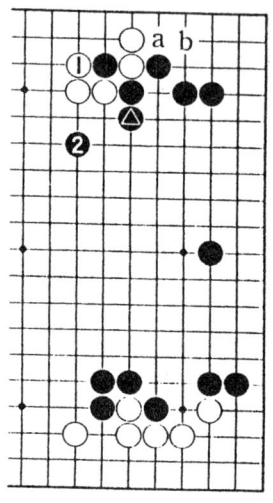

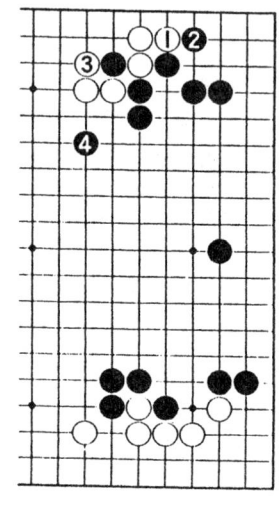

6도

7도

역을 소중히 합니다.

正夫 과연 주역을 소중히 해야 하는군요. 저는 두 점 따는 것밖에 눈에 들어오지 않았습니다.

大竹 큰 흐름, 대략적인 개략을 판별하고, 또한 세부의 수읽기를 정확히 하는 것이 바둑.

正夫 그럼, 결국 큰 일이군요. 줄기도 모두 살지 않으면 안되니.

春子 바둑은 신경쓸 게 많군요.

大竹 그것이 바둑의 매력입니다.

正夫 악녀의 매력이라는 것과 비슷하군요.

大竹 6도 ●의 뻗음에 백 1로 감싸면 흑 2라는 식으로 크게 넓힙니다. 흑a의 누름을 언젠가 둘 수 있으므로 b의 뛰어들기는 걱정없이……

春子 아, 그렇지. 전 귀가 빈 골짜기라고 생각했읍니다

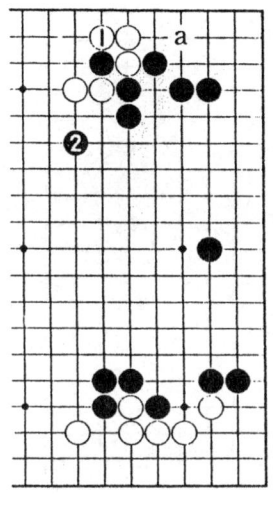

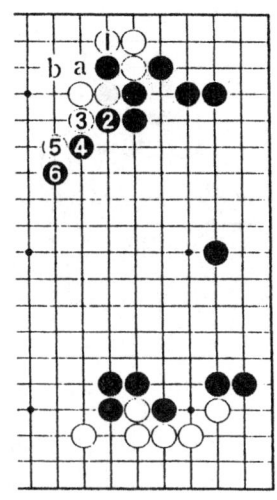

만……

大竹 누름을 살리는 것이 싫다면 **7도** 백 1 에서 3 이 될 것입니다. 백도 이것이 순서입니다.

正夫 그럼 **8도** 백 1 은 어떻습니까. 이것이라면 a의 뛰어들기가 있을 것입니다.

大竹 아주 고집스럽군요. 무슨 일이 있든 뛰어든다는 이야기군요. 마치 자살자 같이. 그래도 역시 위에서 감싸는 것이 진짜. 혹은 2 의 날일자 정도면 괜찮지만, **9도,**이쪽도 혹 2 라는 것이 있읍니다.

正夫 풋나기 같은 밀기이군요.

大竹 혹a, 백b를 둘 수 있으므로, 혹 4 · 6 의 2 단젖힘이 박력있기 때문입니다.

正夫 어렵군요. 사소한 데까지 가면 머리가 아파집니다.

春子 참으세요.

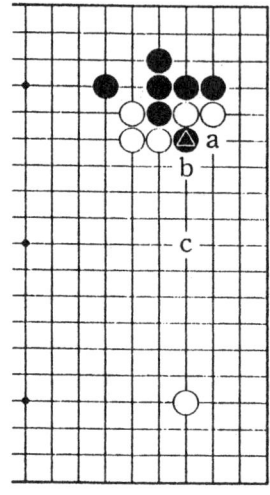

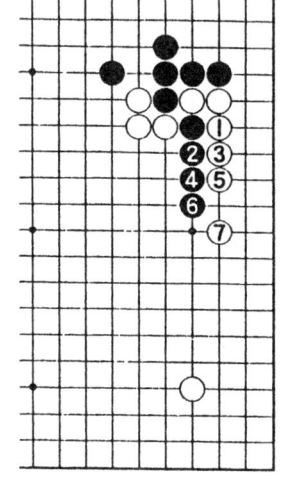

제7형

1도

세 점으로 해서 버린다

大竹 포기하지 말고 분발하십시오. 제7형 ● 으로 끊어 왔습니다. 이번에는 백의 차례, 어떻게 모양을 정리할지 생각해 보십시오.

正夫 백 두 점을 살리느냐, 버리느냐 가 문제군요. 저는 돌을 버리는 것은 싫습니다. 그러니 백a.

春子 저는 간단히 두는 것이 좋습니다. 그러니 백b.

大竹 春子씨의 백b를 일단 정해로 해 둡니다. 그것은 백a로 살려내는 것은 c방면에 아군의 원군이 없으면 재미없기 때문입니다. 이 배치에서는 원군이 없으므로 1도 백1 이후는 어떻게 되겠읍니까, 正夫씨.

正夫 계속 기는 수밖에 없습니다. 그래도 어쨌든 뛰지 않으면 안되겠지요. 백7로 뜁니다.

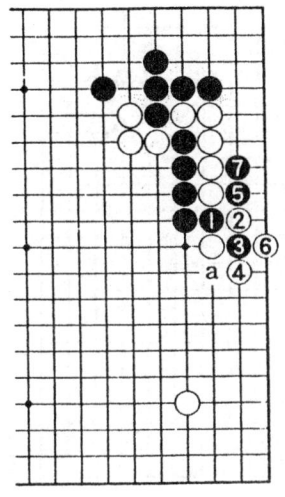

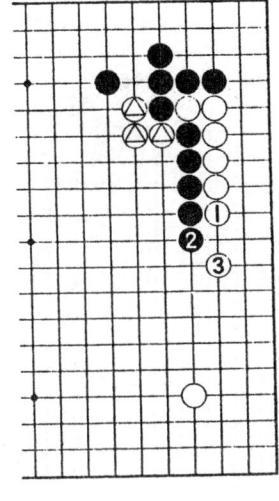

2
도

3
도

大竹 그 뜀은 너무 빠릅니다. 왜인지 알겠읍니까.

正夫 나가끊음이 있읍니까.

大竹 2 도 흑 7 까지 먹혀 버립니다.

正夫 그렇지. 백 4 를 5 에 이으면 흑 a 로 축에 걸립니다.

春子 그래도 흑 5 · 7 로 따는 것은 심합니다.

正夫 3 도 다시 기고 나서 백 3 으로 뛴다. 이것이라면 괜찮겠지요, 大竹 선생님.

大竹 예, 좋습니다. 그래도 이 그림은 많이 긴 데에 비하면 집은 의외로 적고 △의 세 점이 단연 약해졌읍니다. 이런 식으로 기어 준다면 우선 흑은 둘 수 있을 것입니다.

正夫 4 도 백 1 로 위에서 맞대는 것은 어떤 결과가 됩니까?

大竹 어떻습니까? 春子씨.

春子 백 3 으로 맞댐, 흑 4 의 뺌……

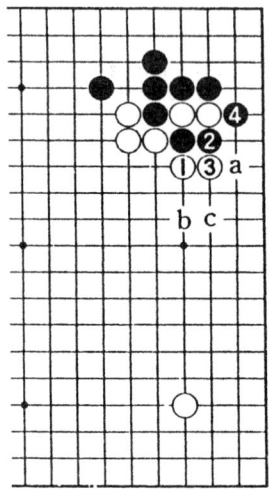

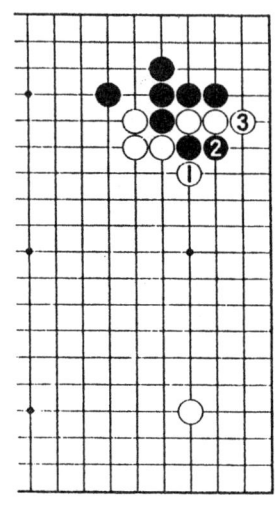

4
도

5
도

大竹 그것으로 안됩니다. 선수를 쥐고 다른데로 돌아도 이 백 돌은 아주 허술합니다. 어떤 때는 a로 젖히는 모양이 아주 강력하기 때문입니다. 흑b나 흑c로 밀리는 수도 있읍니다.

正夫 알겠읍니다, 大竹 선생님. '세 점으로 하여 버린다' 는 것이지요.

大竹 그대로입니다.

正夫 5도 백1에서 백3으로 내린다.

大竹 무엇 때문에 내립니까? 피하기 위해? 아니면 버리기 위해?

正夫 버리기 위해서입니다.

大竹 그렇습니다. 이 백3을 자신을 갖고 둘 수 있게 되면 성공입니다.

春子 그 다음은 어떻게 됩니까.

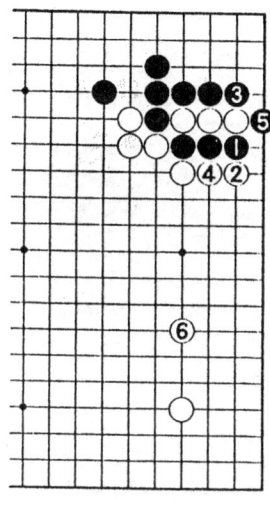 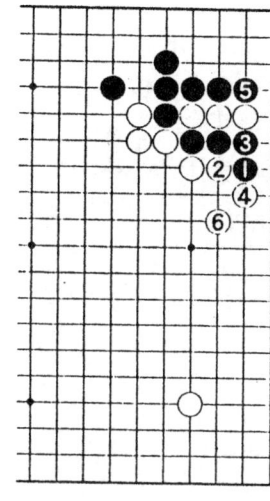

6 도　　　　　　　　　　　7 도

　正夫　6 도 흑 1 로 딸까. 백은 2·4 로 짓누릅니다. 백
2 로 4 를 두어 흑 2 로 하나 기게 하면 약이 오르고,

　大竹　백 2·4 로 된 모습은 4 도 보다도 훨씬 멋집니다.
그래도 이런 식으로는 안됩니다. 그것은 흑 1 이 안되기 때
문입니다. 7 도 흑 1 로 마늘모 하십시오,

　正夫　이 마늘모는 바로 조금전에 하지 않았읍니까.

　大竹　금방 잊어버렸군요, 흑 1 이후는 어떻게 되겠읍니
까? 春子 씨.

　春子　백 2·4 에서 흑 5 가 됩니다.

　大竹　그렇습니다. 그리고 단점에 대비하여 백 6 의 걸
쳐이음이 필요합니다. 그러자 흑이 선수가 되었읍니다. 흑
1 의 마늘모의 효과입니다. 이 그림이 쌍방의 결정판. 정
석 같은 것입니다.

　正夫　하나 질문이 있습니다. 8 도, 마늘모가 아니라 흑

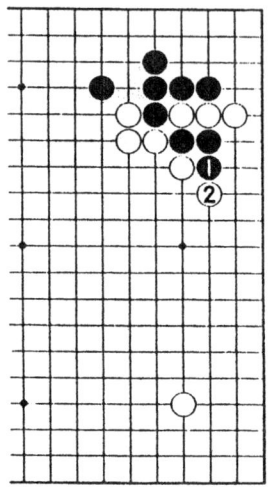

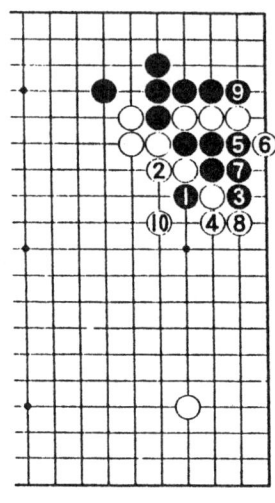

8
도

9
도

1로 기는 것은 어떻습니까.

大竹 좋은 질문입니다. 春子씨, 어떻게 두겠읍니까.

春子 ······ 백2 ······

大竹 그렇습니다. 누르는 한 수입니다. 그 후는 9도와 같이 됩니다.

正夫 잠깐, 좀 빨라서 무슨 말인지 모르겠읍니다. 흑3 에서 5. 백6 · 8. 흑9에 백10. 의외로 간단하군요, 알 았읍니다.

大竹 이 그림을 7도와 비교해 보십시오. 9도는 다소 흑 집이 늘었읍니다만, 그 대신에 백도 상당히 두터워졌읍 니다. 7도에 비해 백이 유리합니다. 그러니까 흑이 꺾어 오는 것은 걱정할 필요 없읍니다.

春子 좀 알겠읍니다만, 10도 흑1일 때 백2로 두어 조 르는 수는 없읍니까.

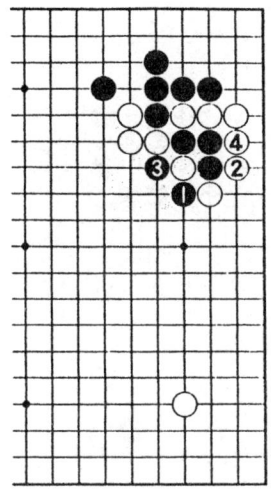 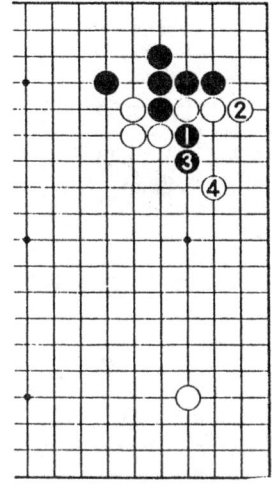

10
도

11
도

大竹 아주 좋은 생각이지만, 이것은 특별한 경우의 방법으로 백의 주위에 원군이 없으면 실패할 것입니다. 또하나, 11도 흑1로 끊었을 때 백2로 내리는 것은 10도와 마찬가지로 아래에서 분발하고 있는 방법입니다. 그러나 주위의 상황을 잘 살피고 두지 않으면 엄청난 화상을 입을 것입니다.

正夫 아, 지쳤다.

大竹 그럼 차라도 마시면서 좀더 분발합시다.

春子 전, 전혀 지치지 않았읍니다. 한 점을 두 점으로 하여 버린다. 두 점은 세 점으로 하여 버린다. 이런 것, 오늘 처음 배웠읍니다.

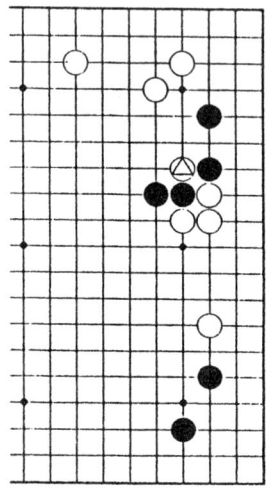

제 8 형

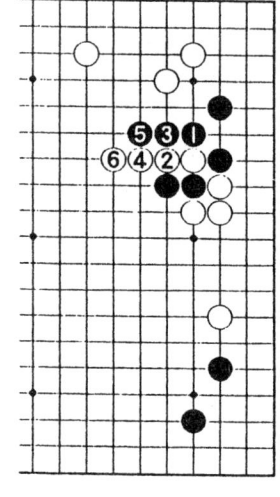

1 도

가둠

大竹 한 문제 더 이런 것은 어떻겠습니까. 제 8 형 끊음으로 들어온 △을 흑은 어떻게 처리하느냐 입니다. '모양 있게 두자'의 정신에 어긋나지 않는 훌륭한 수를 찾아내십시오.

正夫 축도 안될 것 같고, 좀 난처하군요.

春子 그래도, 따지 않으면 안된다는 것도 없지요?

大竹 좋은 말입니다. 따지 않아도 모양이 좋다면 괜찮습니다.

正夫 1 도 흑 1 로 맞대는 것은 나쁠 것이고……

大竹 이런 밀기는 문제없이 흑이 나쁩니다.

正夫 2 도 흑 1 에서 3 으로 맞대는 것은 어떻습니까. 축으로 딸 수는 없지만 흑 5 · 7 로 머리를 내미는……

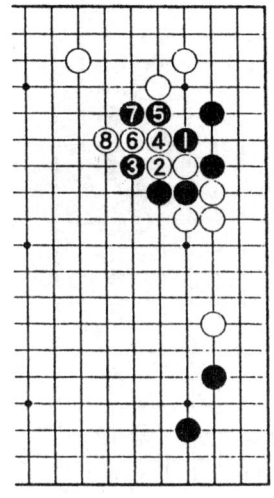 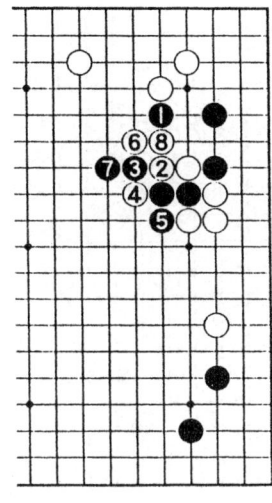

2도

3도

大竹 ……

正夫 안됩니까.

大竹 사상 최악.

春子 전, 아까부터 생각하고 있었는데 틀렸다고는 생각하지만, 3도 흑1에 붙이는 것은 어떻습니까.

大竹 그 발상은 훌륭합니다. 수습은 붙임에서부터가 좋습니다. 그러나 백2에서 외양은 개의치 않고 단수, 단수로 나오게 됩니다. 백8이 되어 좀 수습이 어렵습니다.

正夫 모처럼의 春子씨의 명안도 소용없군요. 뛰어붙임은 상당한 것이라고 생각했는데……

大竹 4도 흑1에 맞댐. 3·5로 나가는 맥을 알고 있읍니까?

正夫 아, 이제야 생각났읍니다. 흑5·7로 나갑니다.

大竹 앞의 1도나 2도와 거의 변함없읍니다. 사상 최

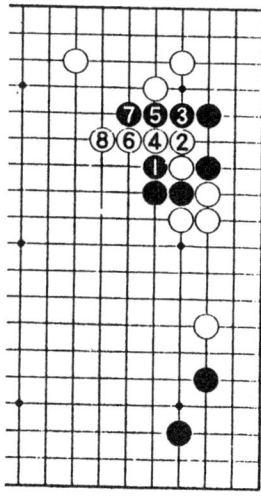 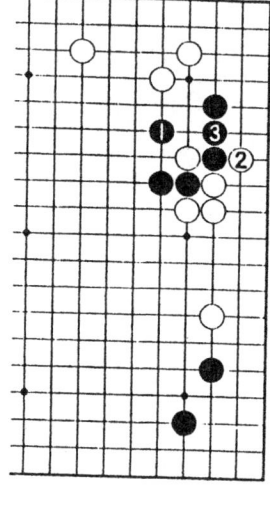

악.

正夫 그럼 지금, 大竹 선생님은……

大竹 이 맥을 아냐고 물었을 뿐입니다. 속은 쪽이 바보입니다.

春子 正夫씨도 간단히 속아넘어가는군요. 덜렁거리니……

大竹 그럼 정해를 말하겠습니다. 5도 흑1에 걸치는 것이 좋습니다.

正夫 정말?

大竹 갑자기 의심이 많아졌군요. 그것은 진보입니다만, 그래도 흑1은 정말로 좋은 모양. 백2, 흑3이 되는 정도이므로 한 점 따고 튼튼해졌습니다.

春子 6도 백1에 두면 피할 수 없읍니까.

大竹 피할 수 있읍니다. 백3, 흑4, 백1, 흑2와도 같

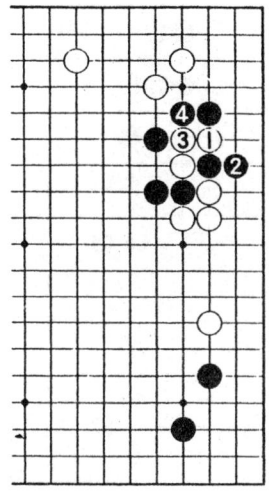

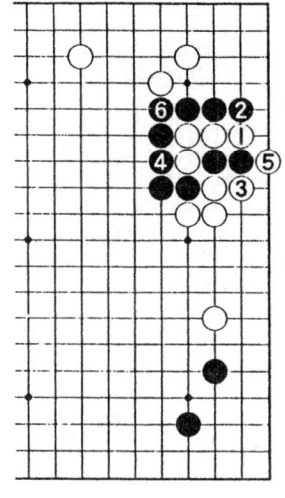

은 순서로 흑4 이후는 7도 백1에 흑2로 누름. 두 점을
사석으로 하고 짓누릅니다. 그리고 흑6의 이음. 正夫씨,
어떻습니까?

  正夫 멋지군요. 그런 식으로 버립니까. 이것은 흑이 유
리하겠지요?

  大竹 물론, 그래서 이렇게 되면 곤란하므로 백은 움직이
지 않고 5도와 같이 둡니다. 돌은 조금 빼앗겨도 괜찮습
니다. 훌륭한 모양을 만들 수 있다면 오히려 적극적으로
버립니다. 오늘은 이 사석 전법을 공부하였읍니다. '좋은
모양' 을 손에 넣는데 사석은 중요한 역할을 합니다.

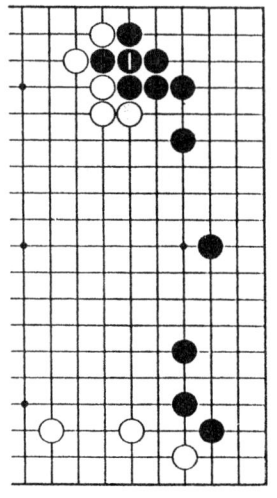

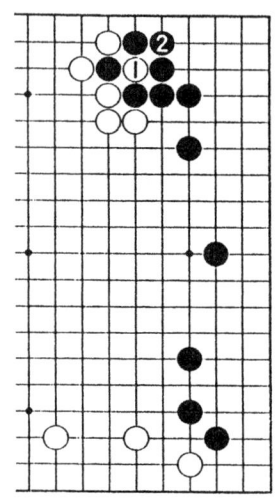

〈휴게실〉 무기력은 금물

大竹 그럼, 극히 초보적인 것 하나만 더 하고 오늘은 끝내겠읍니다. 이것은 春子·씨에게 내는 테마입니다. 1도와 같은 모양에서 흑1로 잇는 일은 없읍니까.

春子 있읍니다. 특히 접바둑에서 패를 시작하면 점점 해를 보므로 흑1로 패를 이어 버립니다.

大竹 그럼 2도 백1에서 흑2로 잇는 것은?

春子 그런 것도 흔히 있을 것 같군요. 백에서 2로 끊어오는 것이 걱정……

大竹 1도도 2도도 흔치 않습니다. '좋은 모양을 두자'는 정신에 어긋납니다. 즉, 미안합니다, 후생이니 용서해주십시오, 하고 사과하고 있는 느낌입니다. 사과로써 확실히 손해를 보고 있읍니다.

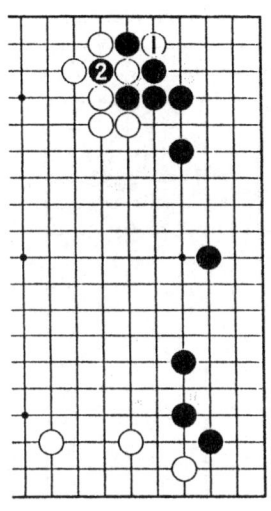

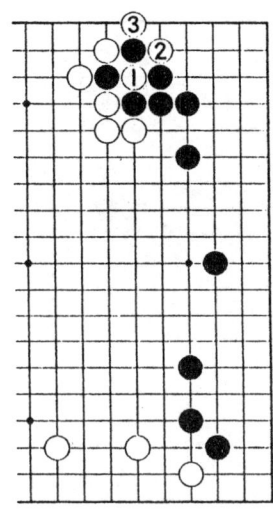

3 도

4 도

春子 그렇지만 패가 무섭다는 기분이……

大竹 그 기분이 안됩니다. 패는 5분의 싸움. 처음부터 불리한 일은 결코 없습니다. 그러니 3도 백1로 끊어 오면 호각(互角)으로 패를 싸워 볼 것을 권합니다.

또 하나, 4도 백1로 패를 쥐고, 백2로 끊음, 백3으로 뻗읍니다. 이것이 무섭다는 것입니까. 그렇지만 잘 보십시오. 백은 세 수나 수고를 하고 있습니다. 백 사이에 흑도 세 수, 다른 데를 둔다는 이치입니다. 그러므로 백3으로 빼게 하여 불리한 것 같아도, 다른 데서 득을 보아 균형을 이루면 됩니다.

春子 그렇습니까! 선생님의 나중 설명, 잘 알았습니다. 동쪽에서 손해를 보아도 서쪽에서 벌면 된다는 것이군요.

大竹 이것으로 패 공포증이 해소되면 좋겠군요.

春子 예, 조금 안심했습니다.

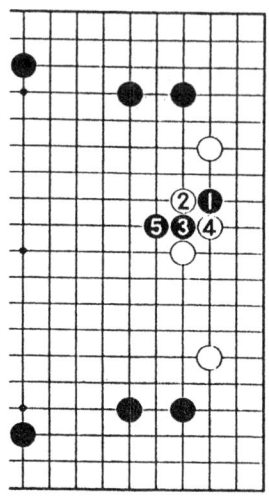

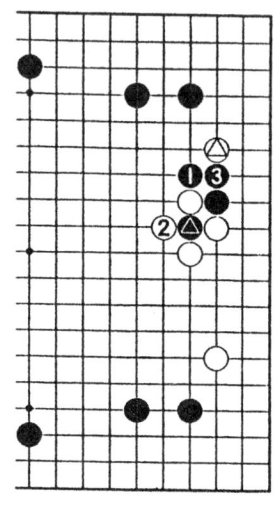

5도

6도

大竹 그럼, 5도입니다만 흑1에서 흑5는 정석과 같습니다. 흑5의 뻗음이 아주 중요합니다. 이 수에서 **6도** 흑1로 맞댐, 백2로 빼게 하고, 흑3에 이음. 이 그림을 어떻게 생각합니까?

春子 ●는 뺏겨도 △를 딸 수 있으면 되지 않습니까.

正夫 호각의 갈림길입니까.

大竹 正夫씨까지 그런 말을 하면 곤란합니다. 이것은 분명 흑이 불리합니다. 백은 고마와서 눈물이 날 정도입니다. 최고로 좋은 모양을 둘 수 있으니까요. 그리고 春子씨, △의 쪽은 아직 완전히 죽지 않았습니다. 이런 방법은 절대 쓰지 않도록 주의하십시오.

春子 예.

大竹 7도도 흡사합니다. 흑1이 중요한 뻗음, '좋은 모양'이고, 이 후 백a, 흑b, 백c로 되는 것이 정석대로입니

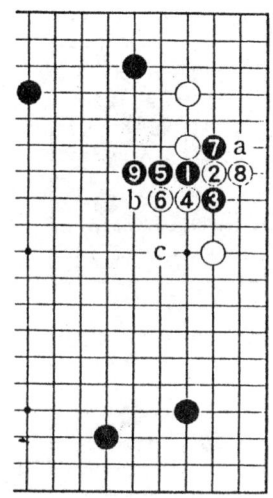

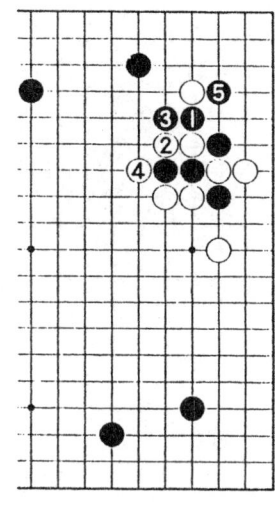

다. 그런데 흑 9 의 수에서 **8 도** 흑 1 · 3 으로 맞댐, 5 에 젖힌다. 이것은 또 흑에게 최악입니다.

春子　귀가 흑집이 되어 있습니다만…….

大竹　그것보다도 백 4 로 빼게 한 것이 안됩니다. 기껏해 야 두 점이지만 세상에는 쓸모없는 두 점도 있고, 소중히 하지 않으면 안될 두 점도 있습니다. 이 경우의 두 점은 소중히 해야 할 돌입니다.

春子　그렇게 흑이 나쁩니까?

大竹　**9 도**, 이 백의 모양은 '거북이 등의 꼬리 달기'라 고 불리는 것으로 ⊘ 가 꼬리입니다. 그리고 귀는 완전한 흑집이 아닙니다. **10 도** 백 1 에서 7 까지 간단히 살 수 있 습니다.

正夫　저희가 생각한 것보다 훨씬 흑이 나쁘다는 것이군 요.

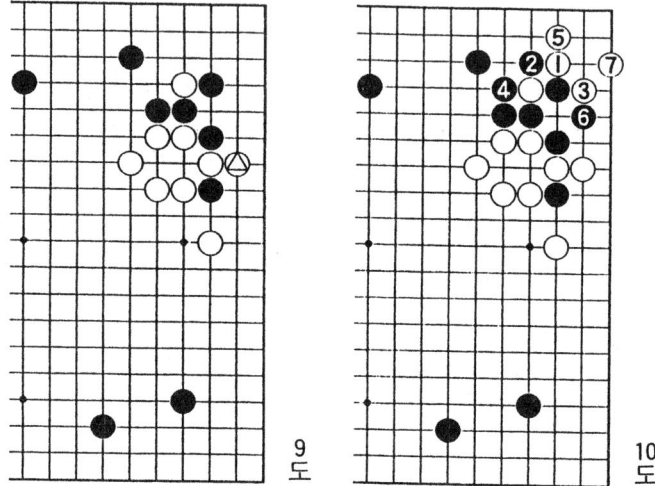

9
도

10
도

大竹 거북이등은 '최고로 좋은 모양' 이니까. 벌써 시간
이 다 되었군요. 자, 이만 쉬기로 합니다.

正夫 내일은 무엇을 공부합니까?

大竹 오늘은 '모양' 을 하였으니 '맥' 으로 할까요. '맥
보다 치는 쪽' 이라는 테마로……

제 2 장

맥을 치는 방법

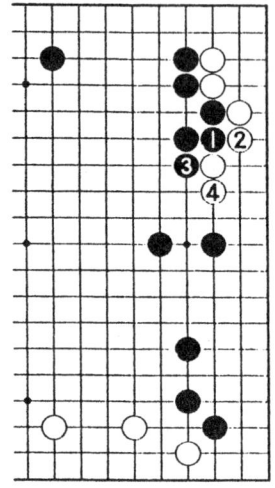

제 1 형

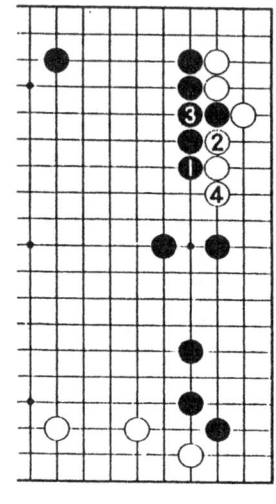

1 도

젖혀내기의 맥

大竹 어서 오십시오. 오늘은 두 분 모두 산뜻한 등장이군요.

正夫 예, 저도 春子씨도 어젯밤은 오늘 공부에 대비해 푹 잤읍니다. 아뭏든 오늘은 '맥'이니까.

大竹 正夫씨, '맥'에는 자신이 있어 보이는군요. 실제 맥이 좋은 것과 나쁜 것은 큰 차이. '맥 좋게 두자'를 바둑의 모토로 하고 싶을 뿐입니다.

그럼 바로 **제 1 형**을 보십시오. 이런 모양에서 흑 1 · 3 으로 두는 사람이 있읍니다. 초급인 사람은 특히. 이런 방법은 속맥도 속맥이지만 아무런 이익도 없읍니다.

正夫 **1 도** 속아서 흑 1 로 밀 것 같지만. 2 를 흑이 두 어도 아무런 이익이 없고.

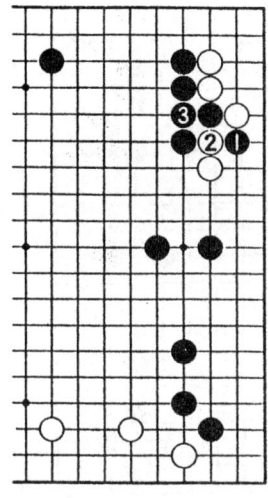

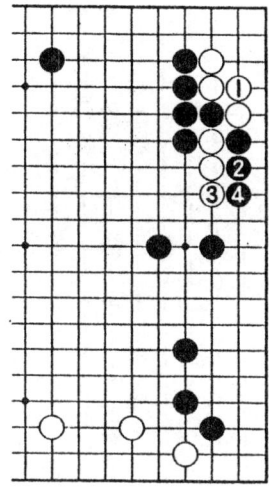

2도

3도

大竹 예, 맞습니다.

春子 처음부터 자신만만하군요.

大竹 春子씨, 1도도 아주 맥이 나쁜 방법입니다. 백에는 중대한 결함이 있읍니다. 그것을 건드려야 합니다.

春子 2도 흑1에 젖혀내는 것입니까?

大竹 그렇고 말고요! 正夫씨 보다 훨씬 맥이 좋지 않습니까.

正夫 春子씨가 저보다 맥이 좋다니? 백2로 끊으면 흑3의 이음. 3도 이후 백1에 이으면 흑2로 당기는 수가 있군요.

大竹 그대로 백은 뿔뿔이 흩어지고, 게다가 귀를 살리지 못하면 곤란합니다.

正夫 과연 이것은 흑이 좋군요.

大竹 4도 백1이라면 물론 흑2 · 4로 두 점 땁니다.

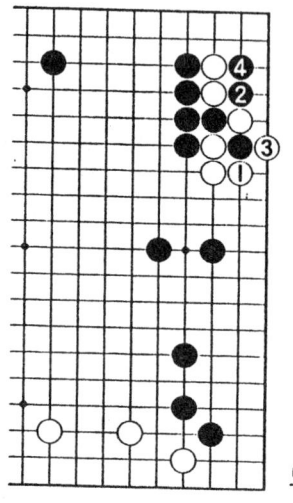

4
도

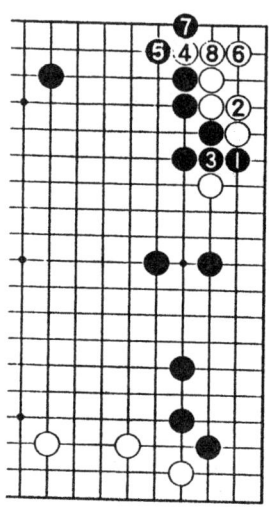

5
도

正夫 5 도 흑 1 에 백 2 로 이으면⋯⋯ 흑도 3 에 이어
두면 좋군요.

大竹 당연합니다. 흑은 백 4 · 6 으로 살려 두어야 합니
다. 春子씨, 백이 4 이하를 두지 않으면 흑은 어떻게 해
서 죽입니까.

春子 흑은 4 로 내립니까.

大竹 예, 그것으로 죽습니다. 흑은 8 에 젖혀잇지 말것.
그러면 살아나게 됩니다.

正夫 그렇지만 3 도나 4 도도 대전과가 아닙니까.

大竹 그렇고 말고요. 그러니까 다시 한번 제 1 형과 1
도를 돌아보십시오. 맥과 속맥은 이렇게 다릅니다.

正夫 깜박 했읍니다. 그러나 젖혀내기는 좋은 수일까.

春子 흑은 6 도 1 에 끊는 수는 없읍니까.

大竹 흑 1 은 젖혀내기에 비해 별로 좋지 않습니다. 그

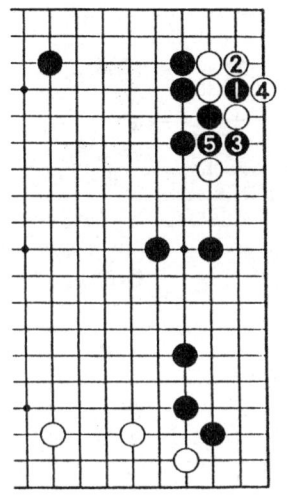

6도

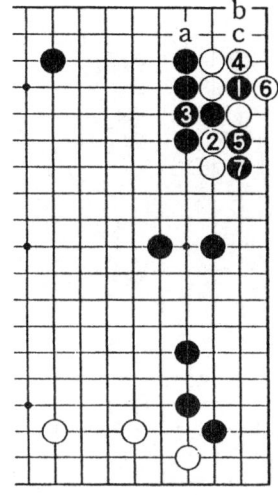

7도

렇지만 예리한 착상이군요.

春子 백2로 감싸면 흑3·5.

大竹 아니면 7도 백2로 단수합니다. 그리고 4를 놓고, 흑5·7.

春子 앞의 3도와 비슷하군요.

大竹 그렇지만 잘 살펴보십시오. 큰 차이가 있읍니다. 3도는 귀의 백을 달리지 않으면 안됩니다. 그렇지만 7도는 이대로 살 수 있으므로 수빼기로 다른 데를 둘 수 있읍니다. 게다가 흑a의 내림도 효력이 있다고는 단정 못합니다. 다음에 흑b, c 모두 패이므로.

春子 역시 젖혀내기가 좋군요.

大竹 제1라운드, 春子씨의 승리.

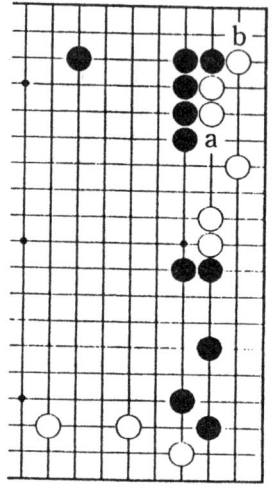

제2형

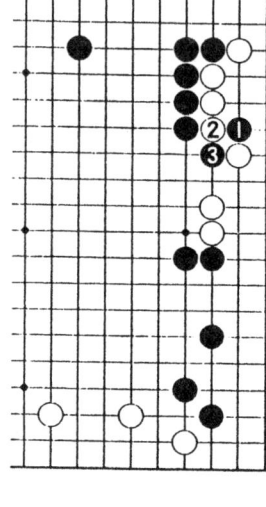

1도

붙여넘음의 맥

大竹 자아 正夫씨 분발하십시오. 제2형은 우변의 백에 중대한 결함이 있습니다. 새삼스레 힌트는 필요없겠지만 흑a로 나오는 것은 약점을 보강하는 것. 또 흑b로 누르는 것도 이 경우는 찬스를 놓칩니다.

正夫 1도 흑1에 붙여넘습니다.

大竹 한번에 정해를 맞추었습니다.

正夫 이런 것은 한눈에 알 수 있습니다. 大竹 선생님, 역시 春ſ·씨보다 제가 맥이 좋지요.

大竹 예예, 흥분하지 말고…… 백2라면 흑3에 끊겠지요.

正夫 물론입니다.

大竹 그 후 어떻게 될 지 가르켜 주십시오, 正夫 선생.

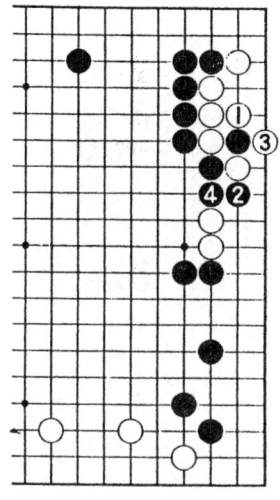

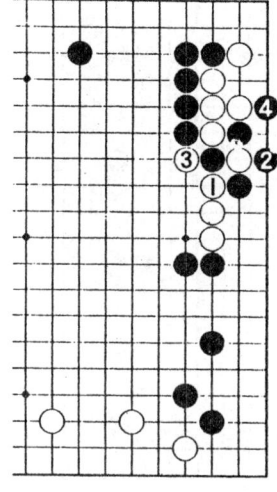

正夫 大竹 선생님 비웃고 계시군요. 제가 틀릴 것을 기대하고 계시겠지요. 좋습니다. 2도 백1이라면 흑2로 단수, 4의 이음. 아니, 흑2일 때 3도 백1로 끊는 수가 있었지. 흑2에 뻗, 백3. 이건 큰일인데. 어떻게 될지……

大竹 번거로우니 흑4로 단수하고 패 만들면 어떻습니까? 이 패는 백의 부담이 무거워 흑이 둘 수 있으니……

正夫 미안합니다. 春子씨, 이것은 흑4로 젖혀 패가 된다. 이 패는 백의 부담이 무겁다.

春子 예, 예. 똑같은 말을 두 번 들을 필요는 없어요. 正夫씨, 처음에는 자신이 없었던 주제에.

正夫 그리고, 흑이 붙여넘고 끊었을 때 4도 백1이라면 어떨까. 그때는 흑2·4로 조여 흑6으로 딴다.

大竹 상당히 파고드는군요.

正夫 상당히 파고든다, 전체의 백을 앞으로 노릴 수도 있

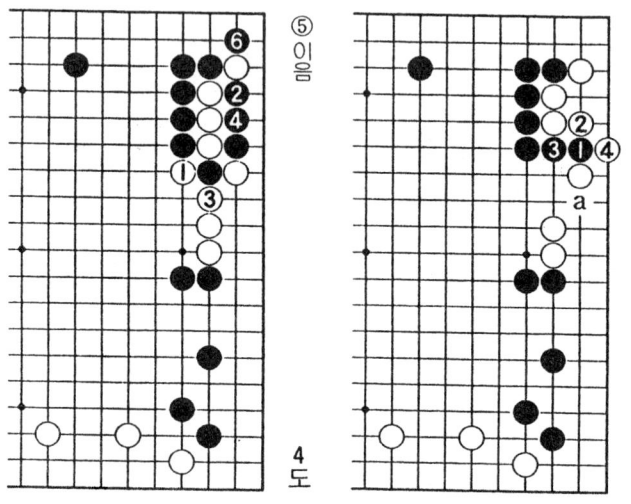

⑤
이
음

4
도

5
도

고, 대체로 이런 개략입니다.

大竹 훌륭합니다. 2도와 4도, 둘을 지적할 수 있다면 더 할 말 없습니다. 붙여넘음의 효과는 이 두 그림으로 끝나니 까.

春子 大竹 선생님, 5도 흑1에 백2로 두면 어떻습니 까.

大竹 그것도 한가지 걱정이군요. 흑3에 이어 평범하 게 건너게 하면 어떻습니까. 백은 중심이 매우 부족하니 이런 식으로 건네주면 기뻐할 것입니다.

正夫 흑a로 붙이는 수도 보이는군요.

大竹 필요하면 6도 흑3에 둘 수도 있습니다. 백a라면 흑b에서 c에 이음, 2도로 돌아가지요? 백b에 붙이면 흑 d로 젖히고, 귀의 일단을 딸 수 있습니다.

春子 d에 젖히는 것은 아주 좋은 수이군요. 이것도 맥

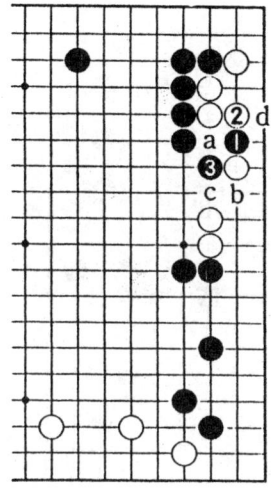

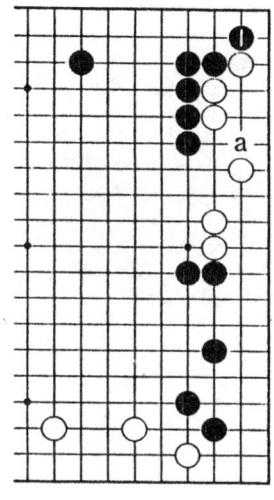

이군요.

正夫 뚫고 들어가지 않으면 안될 테이니까요.

大竹 7도의 흑1도 일반적으로 큰 수이지만 이 때는 느 슨합니다. 붙여넘기가 있는 곳이므로 흑1로 사양할 것은 없 읍니다. 흑1로 일단 사양하고 나서의 흑a는 박력이 없읍 니다. 돌이 겹치고 있으니 백도 버리기 쉬워집니다.

正夫 그런 이유로 제2라운드, 저의 승리.

春子 正夫씨는 1급, 저는 5급입니다.

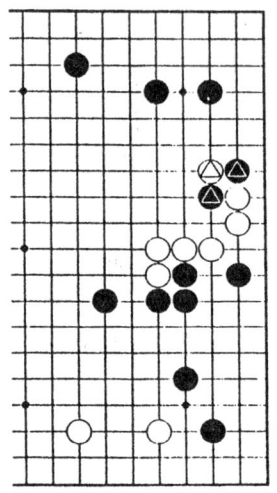 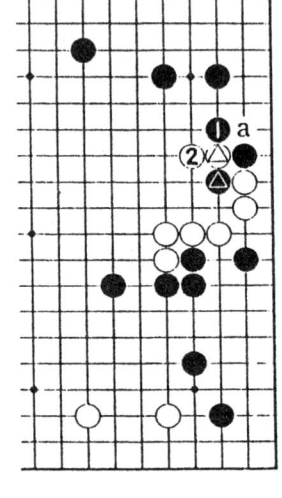

제3형

1도

ᄂ을 빼앗는 맥

大竹 이번에는 제3형입니다. 이것은 어쩌면 난문일지도 모릅니다. ◬에 끊어왔읍니다. 백은 어떻게든 전체를 바로잡고 싶습니다. 그러므로 혹으로서는 눈모양을 주지 않고 공격하고 싶습니다. 혹은 ●의 어느쪽 돌이 중요한지 생각해 볼 필요가 있읍니다. 중요하지 않은 돌은 버려도 좋습니다.

春子 어떻게 둘까. ◬의 끊음은 마치 사자 몸 속의 벌레, 부엌의 바퀴 같이 기분 나쁘고. 1도 혹1로 맞댈까.

大竹 a의 끊음은 남고, ●는 먹히고 좋을 것은 없습니다.

正夫 2도 혹1에 당기는 편이 좋을까.

大竹 맞대기보다 당기는 편이 좋겠지요. 잘라냄이 남으

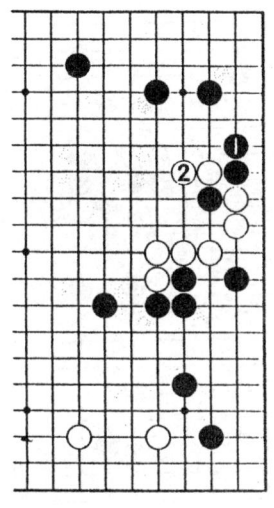

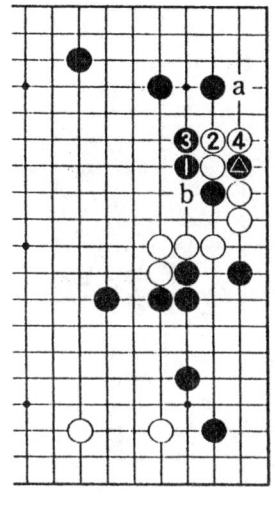

니. 그래도 백 2 에 서게 하여 역시 흑의 한 점은 가지고 갈수 있읍니다.

　春子　그래도 한 점 빼앗아도 한 눈밖에 안되니까……

　大竹　아니, 한 눈 생기면 큰일로 나머지 한 눈은 어떻게든 변통됩니다.

　春子　그럼 하나라도 눈을 만들지 못하게 공격해야겠군요.

　正夫　3 도 흑 1 에서 맞대는 것은? 흑 1·3 으로 민다.

　大竹　백 4 로 쉽게 살고, 이 후 백 a 나 b 의 여지가 있으므로, 그러므로 ●의 돌은 따게 하면 안됩니다.

　正夫　●의 쪽이 중요한 돌입니까. 점점 정해를 알겠읍니다.

　大竹　4 도 흑 1 의 맞댐은 좋습니다.

　正夫　백 2 일 때, 흑 3 으로 기겠지요.

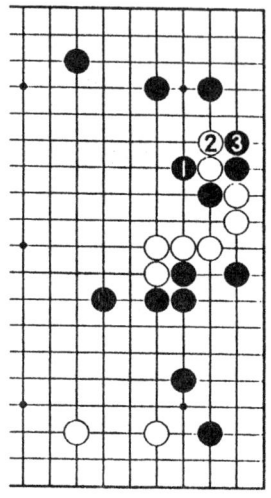

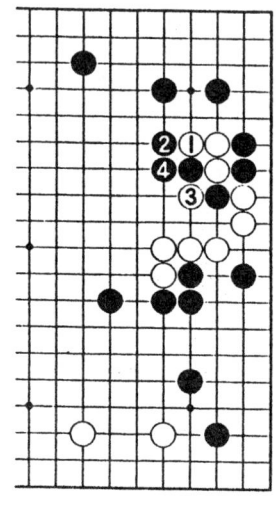

4 도

5 도

大竹 그것이 맥입니다. 이 맞대어 미는 맥은 실전에서도 잘 나옵니다. 상대에게 유무를 묻지 않는 엄한 맥입니다. 그래도 이 후가 더욱 주의를 요합니다. 백은 두 점 빼앗기면 안되니 당연히 5 도 백 1 에 꺾어옵니다.

春子 어쩐지 흑도 산만한 느낌이군요.

大竹 괜찮습니다. 흑 2 로 누릅니다. 양단수와 같은데 백 3 에 끊으면 흑 4 이음.

正夫 한 점 따도 백은 옥집이군요.

大竹 또 하나 중요한 것은 주위의 흑이 튼튼해져 있는 것. 이것만 튼튼하면 귀의 흑은 거의 완전히 흑집이라 해도 좋을 것입니다.

春子 6 도 백 1 로 끊는 것은 어떻습니까.

大竹 이것도 간단. 혼자서 읽을 수 있을 것입니다.

春子 흑 2 의 이음은 이 한 수. 백a는 빼앗길테니 백 3

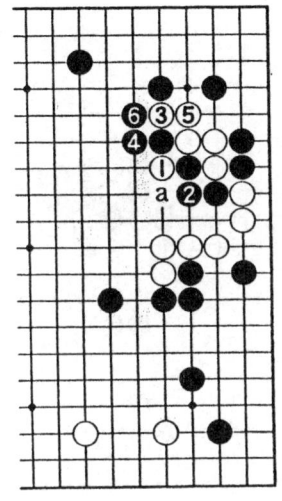 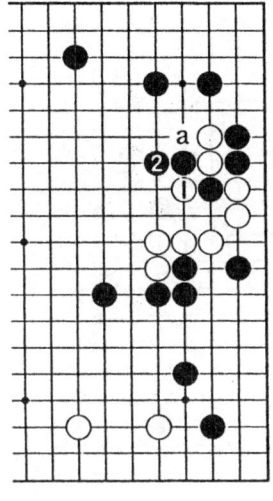

6 도   7 도

에 맞대어 5 의 이음.

正夫 흑6에서 흑의 승리. 과연, 백1의 끊음은 없군요.

大竹 그럼 7도 백a에 꺾지 않고 백1로 따면 어떻겠읍니까. 당황할 필요는 없읍니다. 냉정하게 흑2로 세우면 좋습니다. 흑의 포위망을 뚫을 수도 없고, 백은 역시 옥집.

春子 흑2에서 a에 맞대면 안됩니까.

大竹 그래도 좋습니다. 역시 전체의 백돌은 아직 불안합니다.

正夫 처음 백에게 끊겼을 때는 뿔뿔이 흩어질 것 같더니 잘 정리되는군요.

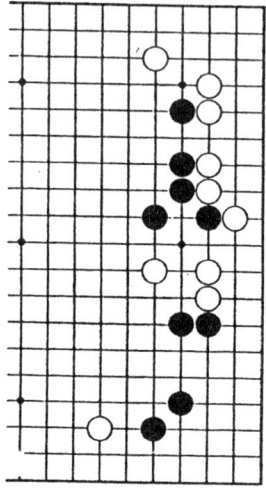

제4형

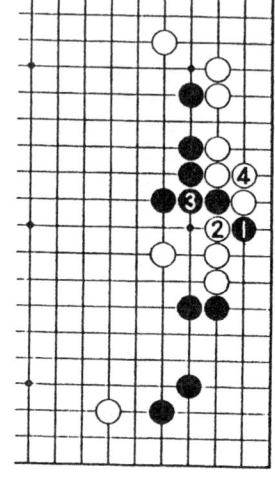

1도

절단의 맥(1)

大竹 맥을 구사하여 상대를 놀라게 하는 이런 상쾌함은 없읍니다. 프로의 바둑에서는 단순한 맥을 두는 일은 거의 없읍니다. 상대도 경계하고, 그것을 죽이려고 두기 때문에. 그러므로 산뜻한 맥은 오히려 아마츄어가 많이 둘지도 모릅니다.

正夫 그렇습니까.

大竹 예를 들면 제4형. 이런 모양이 생겨 백은 건널 수 있다고 생각하고 있읍니다. 자칫하면 서로 맥에 생각이 미치지 못하고 그대로 두어 갑니다.

正夫 생각이 미친 편이 이긴다는 것은 많이 있읍니다. 자만은 아니지만.

大竹 그렇다면 더욱 맥의 연구가 중요해지는군요.

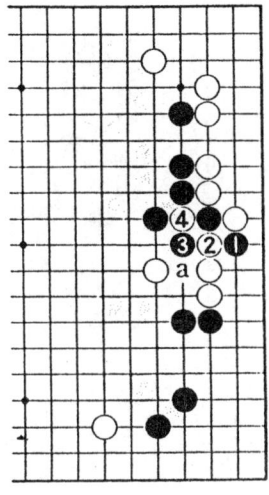

2
도

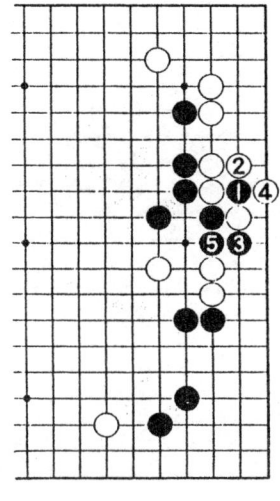

3
도

正夫 그런데 제4형에서 무슨 수가 있읍니까?

大竹 아니, 벌써 알고 있는 줄 알았더니……

正夫 1도 흑1의 2단젖힘인가?

春子 그건 안돼요. 백2로 끊겨 아무것도 안돼요.

正夫 잠깐. 2도 흑3으로 패로 받는 수가 있읍니다. a의 내밀기를 보고……

大竹 좀더 확실하게 하십시오.

春子 3도 흑1로 안쪽을 끊는 게 아닐까.

大竹 그렇습니다. 맥이 좋은 春子씨의 부활이군요. 백2라면 흑3·5에서 백집을 양단해 버립니다.

正夫 4도 흑1에 백2로 단수하면? 아, 그렇지. 흑3으로 단수가 되는군요. 흑3·5에서 역시 깨지는군.

大竹 다시 흑3·5에 이어 맛있는 진수성찬이 기다리고 있읍니다.

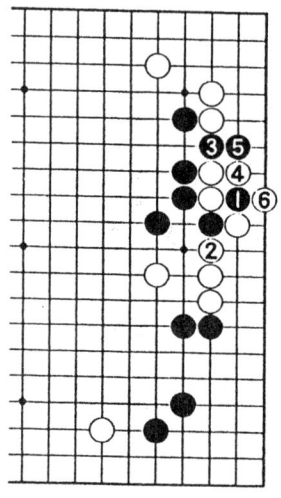

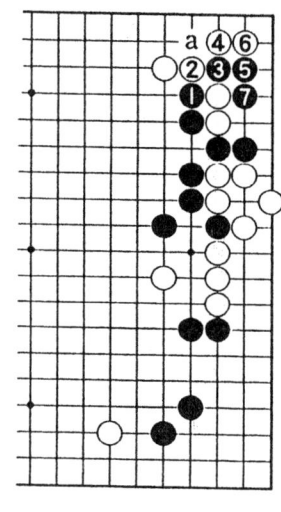

4
도

5
도

春子 5도 흑1로 나옵니까?

大竹 예 마지막까지 나타내 보십시오.

春子 흑3으로 끊고 흑7까지, 두 점을 끊을 수 있읍니다.

大竹 5급은 커녕 벌써 입단에 가깝군요.

春子 그래도 백2는 3으로 느슨해져 곤란하지 않습니까.

大竹 유감이군요. 5급으로 다시 돌아갔군요. 백2에서 3이라면 흑2로 나오고, 백a라면 좌우 어느쪽을 끊어도 축이 끊깁니다.

正夫 역시 春子씨는 맥이 나쁘군요.

大竹 그래도 가끔 正夫씨보다 훨씬 예리합니다.

春子 6도 흑1·3일 때 백이 4에 빼면 흑5에 맞대어 좋군요. 백6 이음, 흑7 젖힘이 되어 좋은 모양이지

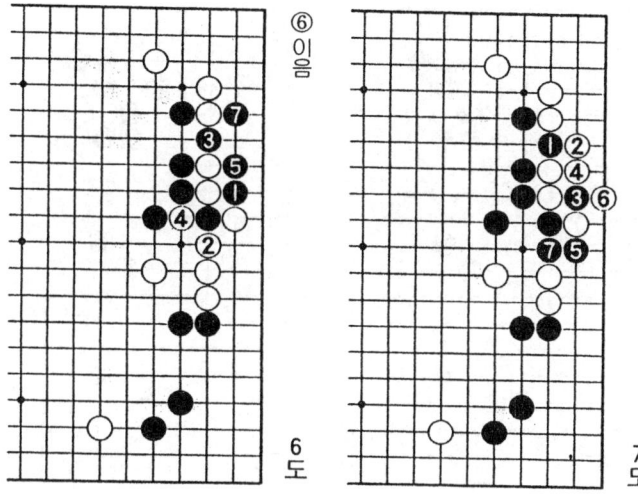

⑥
이음

6
도

7
도

요.

大竹 이렇게 횡행해서는 하는 수 없군요. 하나만 사족을 달면 **7도** 흑1으로 둘 수 있습니다. 그렇지만 이것은 부질없는 일입니다.

正夫 백2에 흑3 · 5가 있군요. 흑1의 끼어들기는 좋은 수가 아닙니까.

大竹 正夫씨, 오해하지 마십시오. 흑7까지 백집을 깰 작정이겠지요. **3도**를 다시 보십시오. 이 그림에 흑1, 백2를 교환한 것이 본도. 이런 것은 없는 편이 좋습니다. 그러므로 흑1의 끼어들기는 이야기가 옆길로 새고 있읍니다.

正夫 아주 미묘하군요.

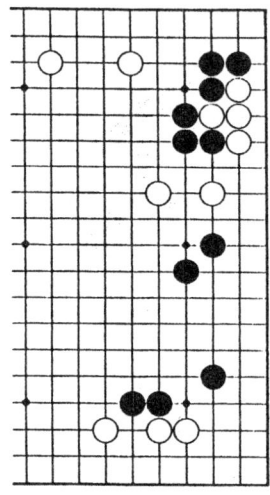

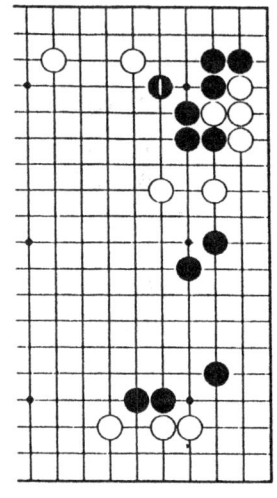

제 5 형

1 도

절단의 맥(2)

大竹 이번에는 **제 5 형** 오른쪽 위의 백돌에 결함이 있읍니다.

春子 백돌이 약합니까. 저는 흑돌이 약하게 보입니다.

正夫 **1 도** 흑1로 걸쳐 이을까요?

大竹 절대로 그런 수비만은 둘 수 없읍니다, 春子씨. 이어지고 있는 것처럼 보이는 백돌을 분단하든지 축을 끊으면 그것으로 좋기 때문에.

正夫 무언가 있을 것 같은 느낌이군요. 어쩐다. **2 도** 흑1에 충돌해 보면?

大竹 맥이 나쁜 수에서 들어갔군요. 그렇다면 백2로 내릴까요.

正夫 흑3으로 나와 5에 끼어들기. 백 8 의 다음은 3

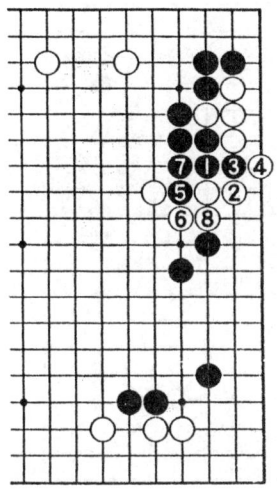
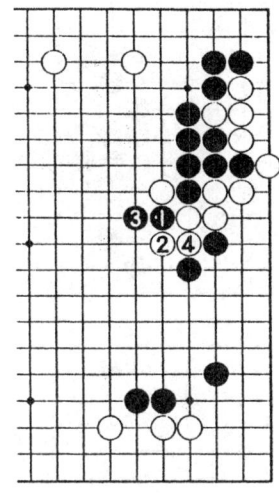

2
도

3
도

도 흑 1 로 끊어가는……

大竹 이것은 또 억지입니다. '맥 좋게 두자'가 테마인데 맥의 좋은 점을 찾아볼 수 없읍니다. 백 2 · 4 로, 힘을 들인데 비해 효과가 없읍니다. 왜냐하면 아래쪽의 흑돌이 약해졌지요. 그렇다고 중앙방면도 그다지 득을 보고 있는 것도 아니고……

正夫 과연, 신통한 수가 어디에도 없기 때문에. 大竹 선생님이 말하지 않아도 알 수 있읍니다.

春子 2 도 흑 1 의 수가 속맥이 아닙니까?

大竹 그렇습니다.

正夫 맥은 4 도 흑 1 의 젖힘인가?

大竹 백 2 라면……

正夫 아니, 뭐야! 같은 이야기인가.

大竹 보통은 1 선의 건넘이지만 절단은 안됩니다. 절단

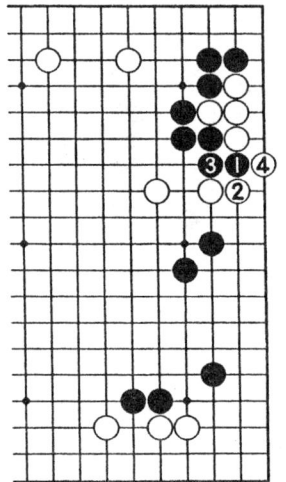 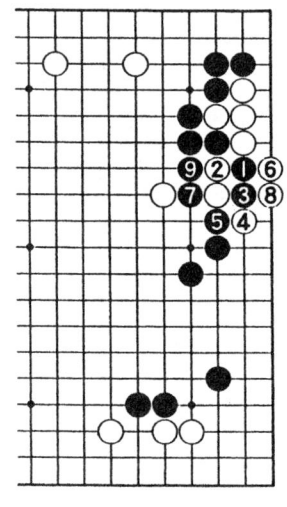

4 도   5 도

할 수 없다면 흑도 자만할 수 없읍니다.

正夫 저는 다시 5도 백2로 끊어 줄까 했읍니다. 그리고 나서 흑3으로 갈 예정이었읍니다. 두 점 버리고 흑9까지 가로질러 버리겠읍니다.

大竹 원대한 수읽기이군요. 돌파하여 흑 성공할 것처럼 보이지만 백8로 빼게 하였읍니다. 너무 자만할 수는 못됩니다.

春子 6도 흑1에 붙이는 편이 엄할 것 같은……

大竹 春子씨는 점점 맥이 좋아지고 있읍니다. 이곳은 급소의 하나로 백의 결함이라는 것은 바로 이 점입니다. 그러므로 정해라고 하고 싶은 곳입니다만……

春子 6도는 백2라면 흑3에 끊고, 흑7까지 돌파하는군요. 5도와 흡사한 것입니까.

大竹 백은 두 점 뺀 5도 쪽이 약간 득입니다.

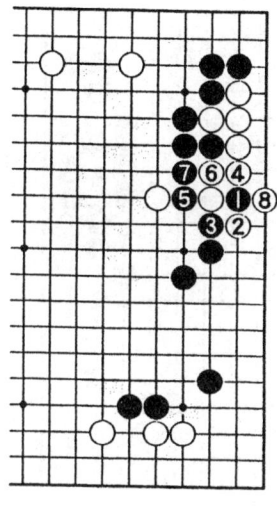 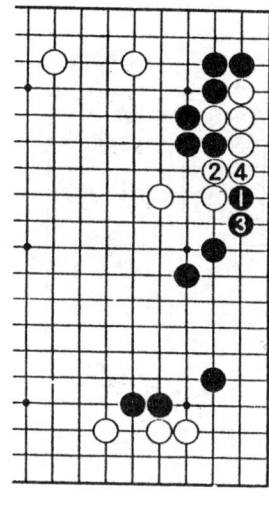

6도   7도

正夫 그럼 春子씨의 아래붙임이 정해?

大竹 7도 백2로 당길지도 모릅니다. 이런 식은 보통 은 심하긴 해도 흑1·3으로 도려낸 모습. 그래도 이 경 우는 흑도 약할 것입니다. 그러므로 백은 꾹 참고 있읍니 다.

正夫 요컨대 문제는 어떻게 하면 돌파하느냐……

大竹 이 모양이라면 제일 좋은 것은 8도 흑1의 끼어 들기. 이것이 정해입니다.

正夫 그렇지. 한 칸 뜀을 신용하여 끼어들기밖에 생각 하지 못했읍니다.

大竹 백2에 흑은?

春子 a에 잇지 않으면 안되겠지요.

正夫 그것이야말로 나쁜 맥.

大竹 흑3의 아래붙임입니다. 이것으로 백의 네 점은

74

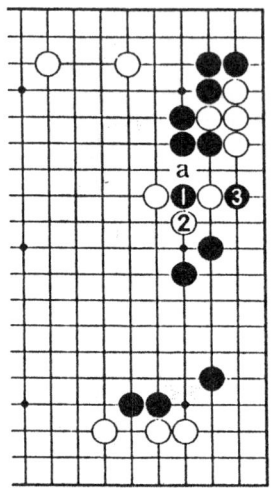
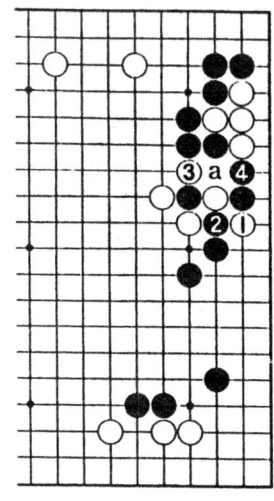

8
도

9
도

분단, 딸 수 있읍니다.

　正夫　이 네 점 딴다면 할 말은 없읍니다.

　春子　정말로 끊을 수 있읍니까. 9도 백1이라면 혹2
에 끊어도 좋습니까.

　正夫　괜찮습니다. 백1을 4로도 a에 끊어 좋습니다.

　大竹　10도 혹1에 끊지 말 것. 특히 正夫씨는 주의하
십시오.

　正夫　백2에서 혹3으로 건너지 않습니까.

　大竹　그러니까 주의하라는 것입니다. 백4에서 패가 되
기 때문에.

　春子　그냥 딸 수 있는 것이 패가 된다면 큰일이지요.

　正夫　그러나 백은 네 점 먹히는 것이 괴롭군. 어떻게 안
됩니까.

　大竹　제게 화내도 도리가 없읍니다. 11도 혹1에 백2

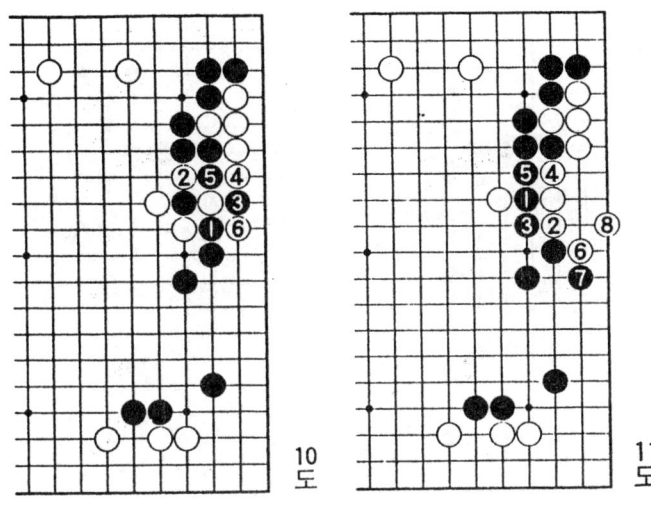

로 충돌하면 먹히는 일은 없읍니다. 간신히 살 수 있지만, 이것은 앞의 6도에 비하면 백이 괴롭습니다. 이 그림이라면 흑 만족. 흑7의 누름으로 딱 멈춰있으므로.

春子 단지 아래붙임이 아닌 끼어들어 아래붙임을 하는 것이군요.

大竹 때와 장소에 따르지만……

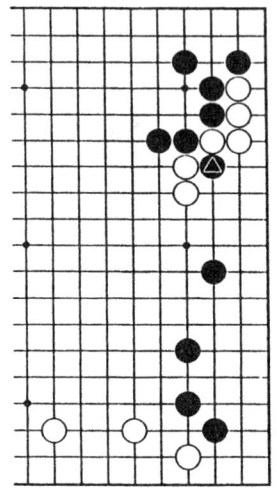

제
6
형

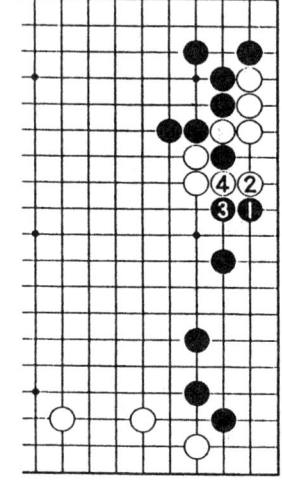

1
도

마늘모로 공격하는 맥

大竹 그럼 또 테마를 바꿉니다.

正夫 오늘도 눈이 돌 것 같군요. 여느 때와 마찬가지로 머리가 어수선해집니다.

大竹 제6형입니다. ● 는 먹히고 있다고 생각할 것입니다.

正夫 먹히고 있는 것 같습니다. 먹히고 있지 않습니까.

大竹 먹히고 있읍니다.

正夫 …… 뭔가 암시적이군요.

大竹 ●을 잘 이용하여 공격하십시오.

春子 사석 이용입니까. 1도 흑1로 엿보고 버립니다.

大竹 어차피 먹힐테니, 말이군요. 그래도 이런 식으로 완전히 살리는 것은 아무래도 아깝습니다.

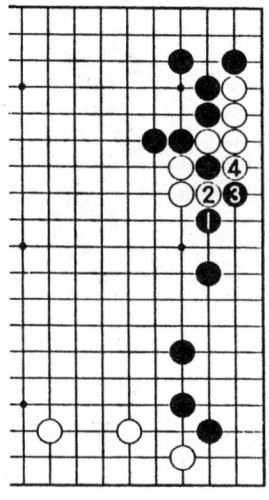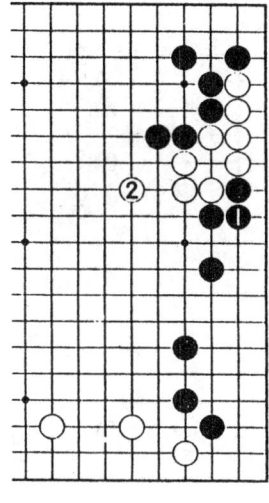

正夫 1도는 정말로 소용없는 방법일까. 아무리 그래도 저는 그렇게는 두지 않습니다. 방금 생각났지만 2도 흑 1에서부터 두겠읍니다. 백2에 흑3으로 젖힙니다. 이 편이 백의 눈을 빼앗고 있으니까요, 옥집으로 만들고 있읍니다.

大竹 3도 흑1에 이으면 옥집이니 훌륭합니다.

正夫 다음 문제로 갈까요.

大竹 그렇게는 안됩니다. 흑1 이음에 백2로 중심으로 달아나게 될 것 같습니다. 그래도 상관없읍니다만, 90점밖에 안됩니다.

正夫 90점이라면 그런대로 괜찮다는 소린데, 어디서 10점 감점되었읍니까.

大竹 대체로 2도 흑1·3은 맥의 냄새가 납니다.

正夫 특별히 이렇다 할 두드러진 수도 없는 것 같습니

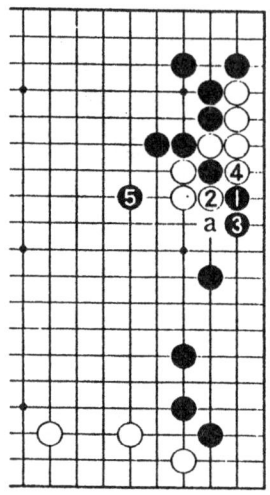 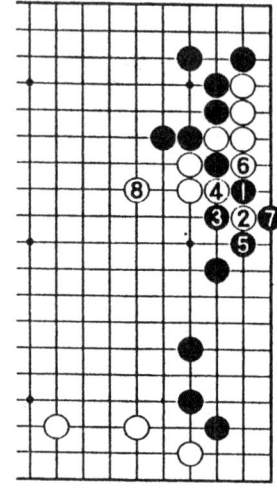

다만……

春子 4 도, 설마 흑 1 로 마늘모하는 수는 없겠지요.

大竹 굉장한 수를 생각해냈읍니다. 그것은 맥입니다. '설마' 하는 생각을 버리고 잘 읽어 보십시오.

正夫 백 2 라면…… 흑 3 으로 당긴다? 아, 이것도 옥집.

大竹 흑 5 의 공격.

正夫 큰일이군. 흑 5 의 공격에 말리면.

大竹 흑 5 에서 a에 두는 것이 곧 3 도입니다. 어느쪽이 좋을지는 불을 보듯 환합니다.

春子 5 도 백 2 에 붙이는 것은?

大竹 그것이라면 흑도 방법이 없읍니다. 흑 7 뺌, 백 8 이 됩니다.

正夫 앞의 3 도와 똑같지 않습니까.

大竹 똑같다고요? 5 도는 한 점 빼고 있지요. 3 도는 빼

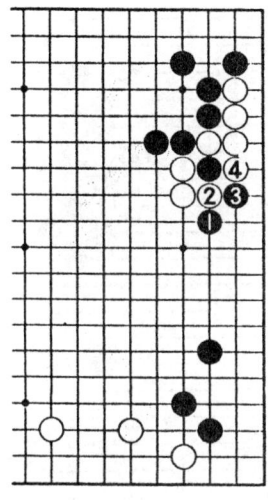

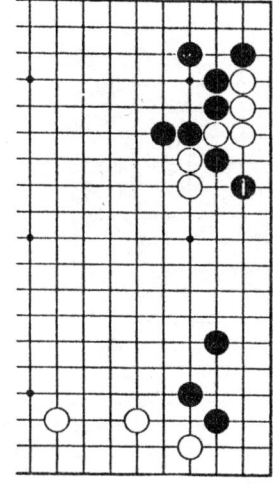

지 않았읍니다. 이것은 큰 차이입니다.

正夫 그런 사소한 것까지!

大竹 사소하다고 생각할 때가 한창일 때입니다. 좀더 신경을 쓰십시오. 그런데 **6 도**와 같은 배치에서도 흑 1 · 3 만으로 단정할 수는 없읍니다. **7 도** 흑 1 에 마늘모하는 수를 생각하십시오.

正夫 예! 원군이 없는데 마늘모를 합니까. 도저히 무리일 것 같은데.

大竹 이 마늘모의 맥은 무리 같이 보여도 그렇지 않습니다. 단 교전 상황을 잘 파악하지 않으면 이 마늘모는 둘 수 없읍니다.

春子 용의 주도한 수읽기가 필요하겠군요.

大竹 그럼, 마늘모한 후 어떻게 될 지 연구해 봅시다.

春子 **8 도** 백 1 이라면 흑 2, 백 3 이 되겠지요. 앞에 나

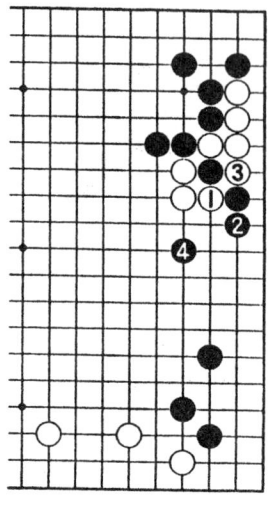

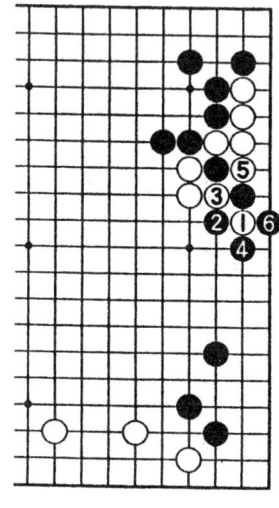

온 것을 기억하고 있읍니다.

正夫 흑4로 뒤쫓아 호조가 아닙니까.

大竹 正夫씨는 옥집을 좋아하니 그 기분 이해합니다.

春子 9도 백1에 붙이는 것은……

大竹 같은 이야기입니다. 흑6까지 뺄 수 있읍니다. 백은 선수를 쥐고 싶을 때는 백1에 붙입니다. 단 빼는 것이 손실입니다. 백은 그 부근의 균형을 잘 파악해야 합니다.

正夫 아니, 전혀 똑같지 않습니까.

大竹 아니, 문제가 하나 있읍니다. 10도 백1의 마늘모로 오면 어떻게 되느냐, 입니다.

正夫 아, 교전이라는 것이 그것입니까. 그럼 큰일인데.

大竹 그리 어려운 교전이 아닙니다. 흑2로 기면 좋습니다. 백3이라면 흑4로 승리.

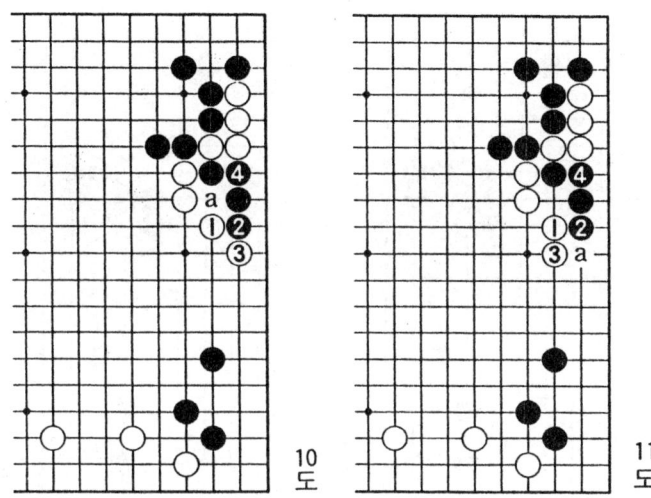

10
도

11
도

　春子　백3에서 a로 맞대고 흑4에 이어 좋군요.

　正夫　11도 백3에 뻗으면…… 흑4에서 이긴다? 경우에 따라서는 흑4에서 a로 기는 수도 있을 것 같습니다.

　大竹　어쨌든 교전 승리를 확인해 두면 됩니다. 흑돌은 먹히고 있는 것으로 보이지만 마늘모에 의해 최대한 이용하고 있습니다.

　春子　먹히는 데도 여러 가지 맥이 있군요.

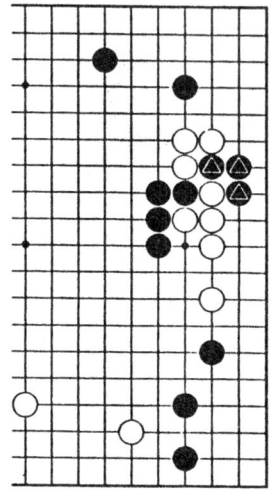

제7형

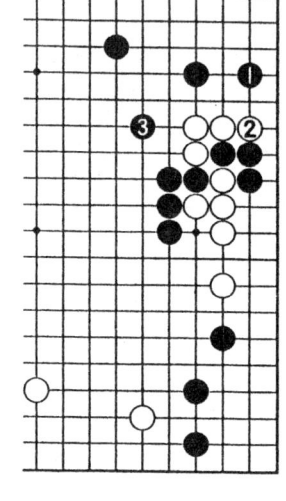

1도

사석 이용의 맥

大竹 제7형, ⚫의 세 점에 주목하십시오.

正夫 먹히고 있읍니까.

大竹 예, 먹히고 있읍니다.

正夫 먹히고 있는데 어째서 주목을 합니까!

春子 사석을 이용하는 것입니다. 이야기는 간단하죠.

大竹 예를 들면?

春子 1도 흑1. 귀를 굳혀 두고 흑3. 저라면 이런 식으로 둘 지도 모르겠읍니다.

大竹 아주 산뜻하군요. 사석을 어느 정도 이용하고 있지만 이 정도로는 불만입니다.

正夫 잠깐. 2도 흑1로 기는 수는 없읍니까. 정말로 먹히고 있는 것일까. 백2라면 흑3으로 끊어……

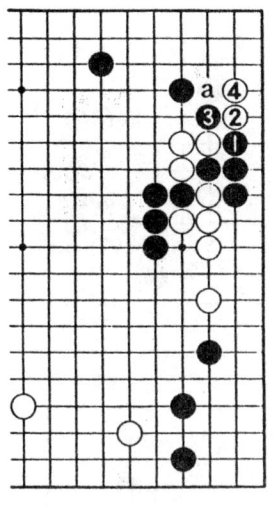 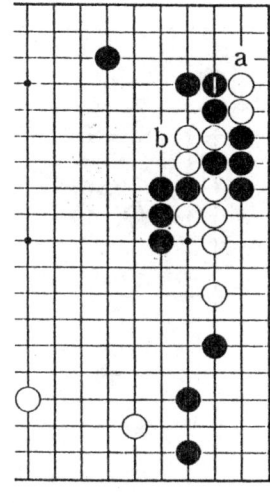

2도

3도

大竹 재미있군요.

春子 스릴 만점이군요. 어떻게 될까.

正夫 3도 흑1로 두면 되겠지요. a나 b가 마주 보고, 이것이라면 사석을 충분히 이용하고 있습니다.

春子 正夫씨, 무슨 말이에요? 흑이 이기고 있지요.

正夫 그렇지. 백은 망가졌다.

大竹 흑1이라니, 좋은 수를 발견하였군요. 흑1은 b의 붙임에서 가도 좋습니다.

正夫 이상한데. 딸 수 있다면 문제는 없는데 백은 어디가 이상했을까요.

大竹 2도 백2에 누른 것이 이상합니다. 다른 수를 생각해 보십시오.

春子 백2에서 a에 뛰어붙이는 것일까. 백3으로 뻗는 것일까.

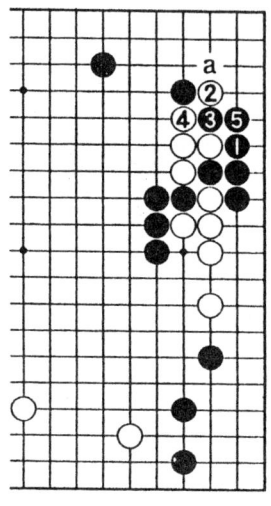

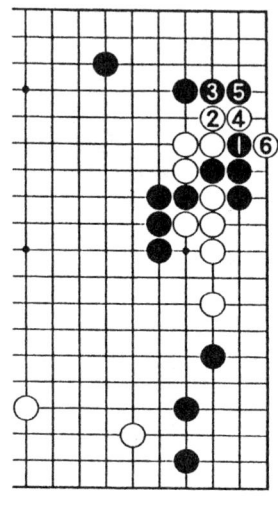

正夫 뛰어붙임에서부터 가 봅시다. 4도 백2에 흑은 어떻게 두면 좋습니까. a에 누르면 안될 것 같은데.

春子 끼어들지 않고?

正夫 흑3? 백4, 흑5로 이어 과연 이것은 흑이 좋군.

春子 흑5 다음 어떻게 됩니까.

大竹 어떻게 되든 백은 뿔뿔이 흩어질 것입니다. 뛰어붙임은 안됩니다.

春子 그럼, 5도 백2의 뜀? 이것은 우형이군요.

大竹 우형이든 뭐든, 그런 소리를 하는 게 아닙니다.

正夫 흑4로 기는 것 보다는 흑3의 누름입니까. 백4에도 흑5로 누르고……

大竹 백은 6으로 젖혀 공배를 메웁니다.

春子 흑은 세 수, 백은 네 수군요.

大竹 6도 흑1로 붙입니다. 백2는 하는 수 없고, 흑

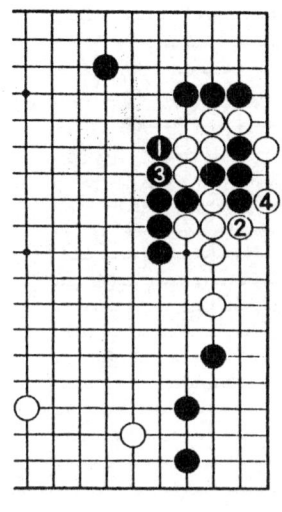 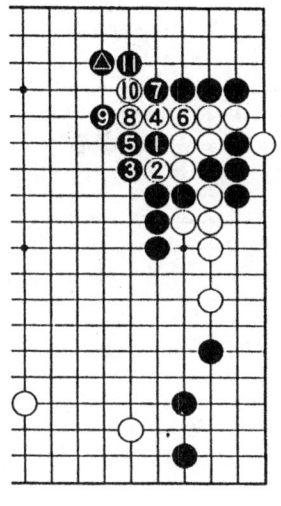

6도   7도

3까지 선수로 둘 수 있습니다. 이런 식으로 되면 선수로
메워붙여 흑 성공할 것입니다. 백집은 거의 늘어나지 않
았는데 중앙의 흑은 엄청납니다.

正夫　과연, 그것이 **大竹** 선생님께서 하고 싶던　말이군
요.

春子　백은 저항할 수 없습니까. 예를 들면, 7도　백2
·4로 나오는 것이 무섭습니다. 포위가 깨지면 아깝습니
다.

大竹　괜찮습니다. 조금 읽으면 바로 알 수 있습니다.
흑5에 이음, 흑7·9로 차례로 뒤쫓아가서 따고 있으니
까.

正夫　적당한 곳에 ●가 기다리고 있군. 운이 좋았군.

大竹　운이 아니라 맥이 좋았습니다.

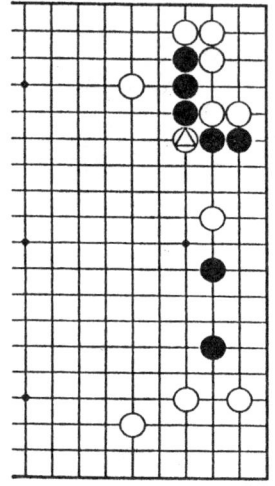

제8형

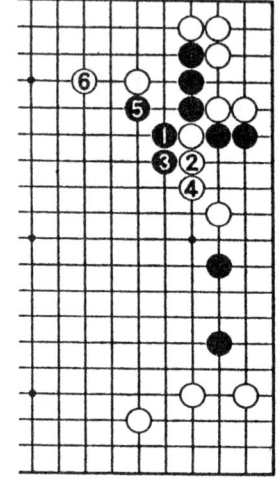

1도

수습의 맥

大竹 제8형. 이런 배치를 상정해 봅시다. ◎에 끊음이 들어와 있고, 어쩐지 흑은 흩어진 것 같습니다. 흑은 어떻게 하면 모양을 정리할 수 있읍니까.

春子 잘 모르겠읍니다.

正夫 세 점과 두 점 어느쪽이 중요한가. 어느 한쪽은 버리지 않으면 안되겠지요. 잘 모르겠읍니다. 1도 흑 1로 단수하여 볼까요. 두 점 버리고 세 점쪽을 살린다.

大竹 두 점보다는 세 점쪽이 크기 때문이군요.

正夫 흑 5에 걸쳐이으면 어떻습니까.

大竹 별로 좋은 수습이 안나오는군요. '맥 좋게 두자'가 모토이니 좀더 멋진 맥을 발견해 보십시오.

正夫 비약하지 않으면 안되는군요. 2도 흑 1에 뛰어붙

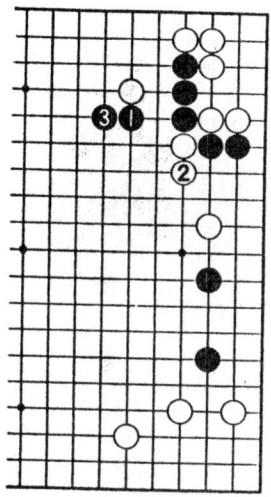

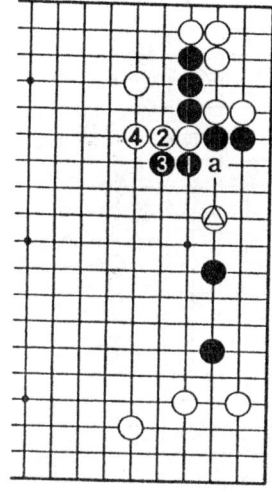

는 것은 어떻습니까. 이 편이 맥이 좋을 것 같습니다.

大竹 백 2, 흑 3 이 됩니까. 과연 괜찮은 맥이군요. 그러나, 두 점을 버리는 것은 아뭏든 좋지 않습니다.

春子 '단수, 단수는 풋나기 바둑의 견본'이라고 하지요. 3도 흑 1 로 단수하는 것은 좋지 않겠지요.

大竹 자신 없는 것 같군요. 그래도 그 예상은 맞았읍니다. 흑 1·3 으로 밀지만, 백 4 다음 a 의 끊음이 남아 있읍니다. 이 끊음을 어떻게 지킨다고 해도 ⊕를 쉽게 딸 수 없읍니다. a 를 지키는 모양이 어느 쪽에도 맞지 않았읍니다.

春子 '수습은 붙임에서'라는 말이 있었지요.

大竹 그것은 좋은 힌트입니다.

春子 4도 흑 1 에 붙일까.

大竹 훌륭합니다. 그것이 수습의 맥입니다. 여기에 붙

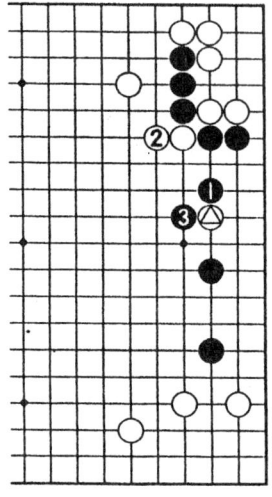 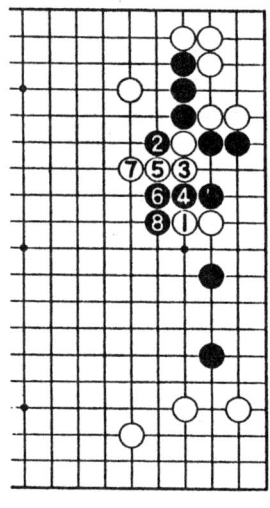

이면 흑은 모양을 잘 정리할 수 있읍니다. 백은 2로 뻗는 정도. 그래서 흑3으로 젖히고, △의 움직임을 제압해 둡니다.

正夫 백2로 뻗지 않으면 안됩니까! △를 뺏기지 않도록 무언가 저항할 수는 없읍니까.

大竹 5도, 예를 들면, 백 1의 뻗음, 여기서 다시 좋은 맥이 있읍니다. 흑2 쪽에서 맞대고, 4·6으로 나갑니다.

正夫 아, 나왔다. 이 맥은 제 장기입니다.

大竹 흑8에 꺾어 두는 것이 중요한데, 이것으로 백의 두 점은 거의 꼼짝할 수 없읍니다. 흑의 세 점은 버렸지만, 이것은 충분한 결과입니다.

春子 6도 백 1은?

大竹 그것은 아주 간단합니다. 흑2·4로 나가니까.

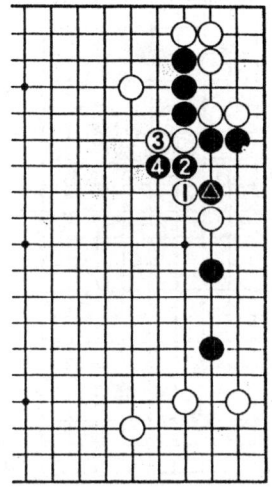 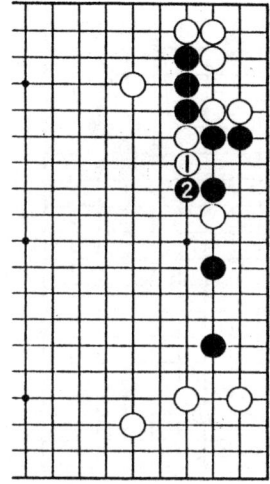

6
도

7
도

●가 있으므로 3도와는 큰 차이. 흑은 호형일 것입니다.

　正夫　과연, 백1의 수가 악수가 되었군요.

　春子　7도 백1에 뻗는 것은?

　大竹　바로 흑2로 나갑니다. 이것도 잘 맞는 모습. 그래서 **4도**가 통념으로 되어 있읍니다.

　正夫　붙임의 수습, 성공이군요.

　春子　이렇게 잘 되어가리라고는 생각도 못했읍니다.

　大竹　앞의 1도～3도와는 큰 차이지요.

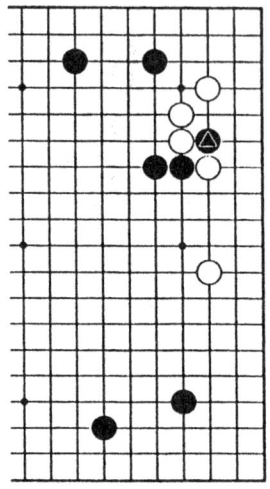 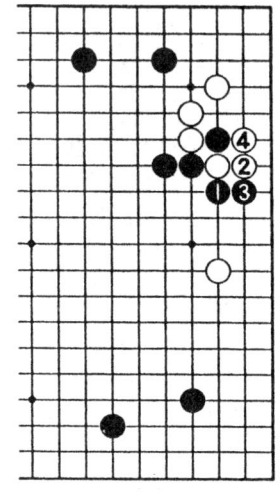

제9형

1도

붙여 살리는 맥

大竹 그럼 한 문제 더 비슷한 문제를 들어 봅시다. 제9형, ●은 먹히고 있는데 어떻게 이용하겠읍니까.

正夫 또 사석 이용의 맥입니까. 평범하게 둔다면 1도 이군요. 흑1에서 3에 누름을 두게 됩니다.

大竹 그렇습니다. 그런 식으로 두는 사람이 많은 것 같습니다. 그 정도라면 맥의 무기를 빌 필요도 없고, 어린아이라도 둘 수 있읍니다. 전혀 무효는 아니지만 백의 진수성찬이 있는데 오십 정도로 참고 있는 느낌.

正夫 흔히 말하는 속맥이로군요.

大竹 무맥(無筋)이라고 해도 좋습니다.

春子 2도 흑1에서 3의 쪽을 누르는 것은 안되겠군요. 흑5에 눌러도 백6으로 끊을 수 있으니.

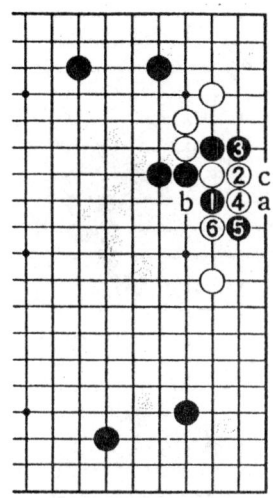

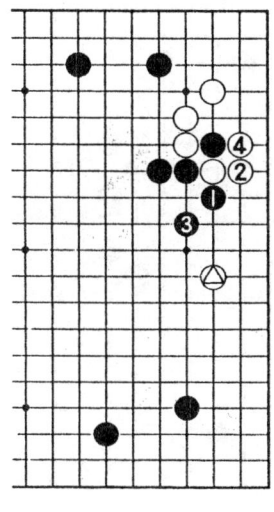

2도

3도

正夫　흑a, 백b, 흑c로 아래에서 조르는 것도 잘 될 것같지 않군요.

大竹　그래도 흑1·3이 안된다는 것이 정해의 힌트입니다.

正夫　3도 흑1에서 3의 걸쳐이음은 어떻습니까. 흑3은 다음에 흑4로 눌러 두 점 따려는 것입니다. 그래서 백4로 감쌉니까. 그렇다면 1도보다 훨씬 좋지 않습니까.

大竹　조금 알겠습니다. 확실히 1도보다는 다소 맥이 좋은 것 같군요. 그러나 흑3의 걸쳐이음도 △의 돌에 전혀 영향없읍니다. △에 영향받게 두는 것이 이 때의 맥입니다.

大竹　4도 흑1에서 3에 뛰어붙는 것이 좋은 맥입니다.

正夫　과연 맥답군요.

春子　흑3은 무엇을 노리고 있읍니까.

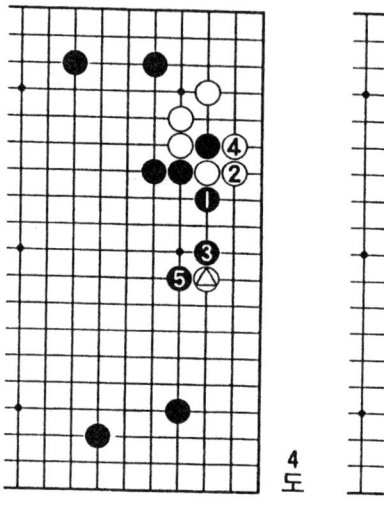

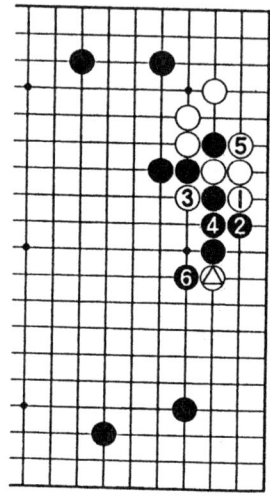

大竹 다음에 흑4로 두어 두 점을 따는 수를 살피고 있읍니다. 동시에 ⚪의 돌에 대해 영향을 줍니다. 백4에 흑5로 젖히면 아주 좋겠지요?

春子 일석이조입니까.

正夫 일거양득.

大竹 아니, 양득이라고 할 것까지는 없고 득을 보는 것은 한쪽뿐. 소위 'A와 B를 중매' 하는 것입니다.

正夫 5도 백1·3으로 두어도 결국 백5에 두지 않으면 안되는군요. 과연 ⚪가 약해졌읍니다.

大竹 그러므로 6도, ⚪에 돌이 있을 때도 결국 이야기는 같습니다. 역시 ⚪에 영향을 줄 것을 생각하십시오.

春子 역시 흑1에서 3으로 붙입니까.

大竹 직감적으로 흑1·3을 둘 수 있어야 합니다. 백4에 흑5로 젖히면 ⚪의 활력을 죽여, 맥의 효과 백 퍼센트

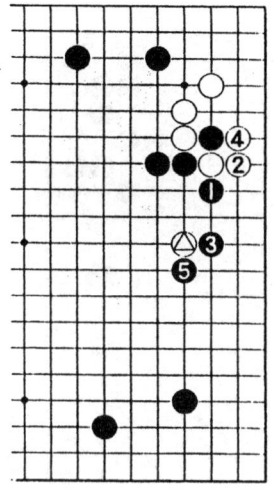 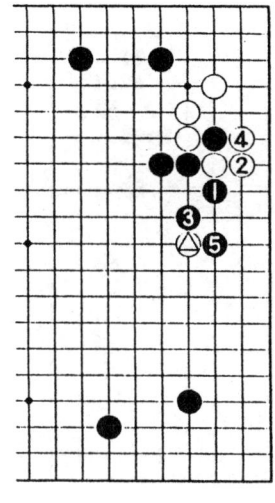

입니다.

正夫 7도 흑 1·3은 어떻습니까. 흑 5로 젖힐 수가 있읍니다.

大竹 그것도 △의 힘을 죽입니다. 그러나 죽이는 방법이 불만. 6도 쪽은 산뜻하고, △에 맛이 별로 없읍니다. 7도 조금 답답하고, △는 완전히 죽어있지 않읍니다.

正夫 6도 쪽이 좋은 모양으로 산뜻하다는 말이군요.

春子 알 것 같습니다.

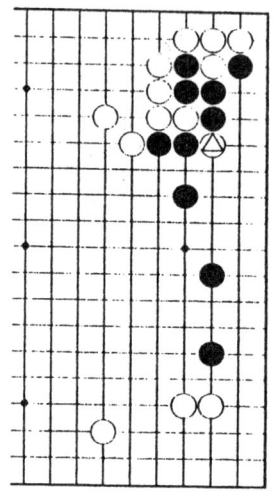

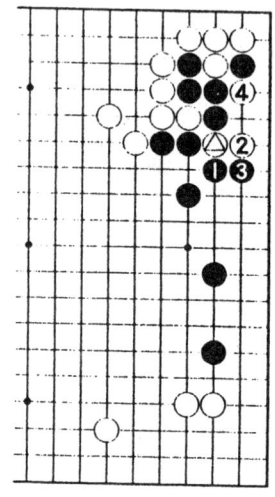

〈 휴게실 〉 느슨한 축

大竹 그럼 오늘은 이 정도에서 끝내기로 합시다. 마지막으로 간단한 것을 하나. 1도 △로 끊어 왔읍니다. 어떻게 하겠읍니까.

春子 2도 흑1·3으로 두는 것은 안됩니까. 성가시니 아예 버리는 것이……

大竹 욕심이 없군요. 백의 무리가 통해 도리가 물러났읍니다. 正夫씨는 알겠지요? △를 따는 맥이 있는데…

正夫 잘 물어 보셨읍니다. 바로 알았읍니다. 3도 흑1·3으로 아래로 깁니다. 자칫 하나 더 흑5로 기면 백6으로 뻗게 하여 안됩니다. 흑a는 백b이하 f로 벗어나 버리니까. 그래서 4도 흑5·7로 누릅니다. 이것은 느슨한 축의 맥으로 백을 딸 수 있읍니다.

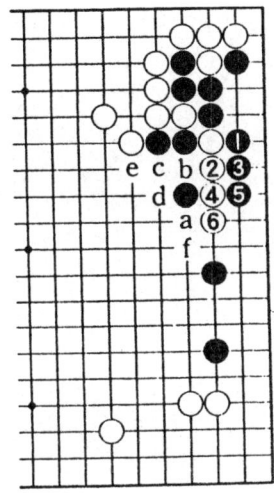

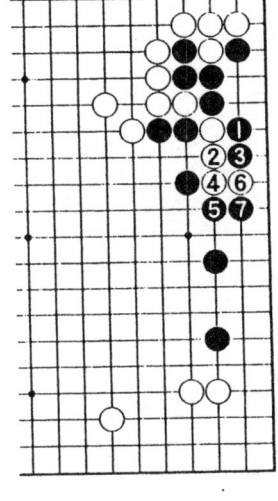

大竹 잘 했읍니다. 입단을 앞둔 正夫씨에게 물은 것이 어리석었읍니다. 이 느슨한 축도 하나의 맥. 2도와 4도 는 엄청난 차이입니다. 맥을 두느냐 마느냐로 이 정도로 차이가 생깁니다. 그러므로 正夫씨도 春f씨도 맥을 공부 하는 것이 첫째일 것입니다.

제 3 장

급소에 강해지자

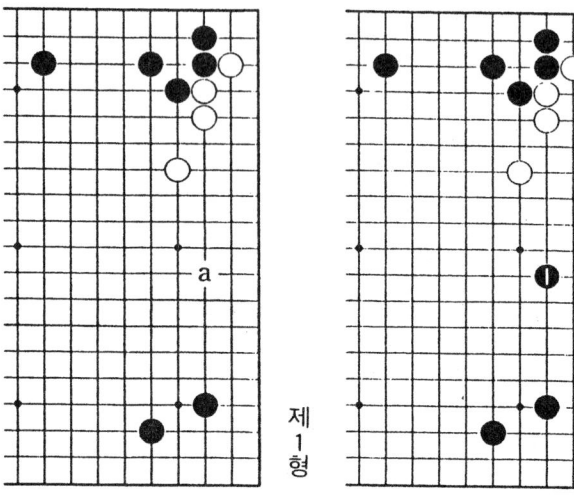

제
1
형

1
도

급소의 메움

大竹 안녕하세요. 오늘은 돌의 급소에 대하여 공부하겠읍니다. 테마는 '급소에 강해지자'입니다.

正夫 보통 '여기가 급소다' 또는 '급소를 잘못 알았다'라는 말을 합니다.

大竹 그렇습니다. 돌에는 반드시 급소가 있읍니다. 공격하는 쪽은 급소를 공격하고, 수비하는 쪽은 급소를 지킵니다. 바로 예제로 들어갑시다.

제 1 형은 포석의 예제입니다. 약한 사람은 이런 배치를 그대로 두고 있읍니다. 잘 되지 않을까, 하고 생각해도 좀처럼 잘 되지 않습니다.

正夫 a 부근이 굉장히 큰 곳이죠.

大竹 백부터 둔다면 a 부근으로 벌립니다.

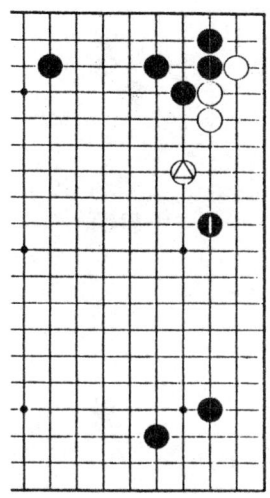

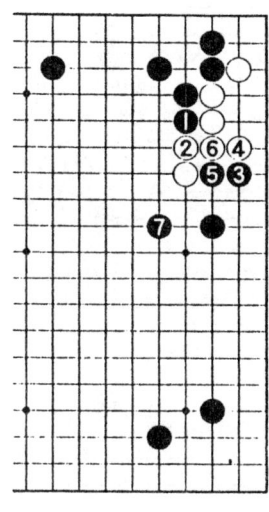

春子 흑에서도 1도 1의 벌림입니다. 적의 급소는 나의 급소라고 하니까.

大竹 그렇지만 이 경우 그것은 지나친 사양입니다. 그 말은 적합치 않습니다. 오른쪽 위의 백의 모양을 잘 보십시오. 이 백은 어중간한 모습을 하고 있습니다. 2도 ◎ 로 높게 대비하고 있는 만큼 기슭이 둔합니다.

正夫 무슨 책에서 읽은 일이 있습니다. 흑1로 꽉 메운다는 것이지요.

大竹 그렇습니다. 그곳을 메우게 하는 것이 백의 약점이며 급소입니다.

春子 그런 데까지 벌림을 계속합니까.

大竹 예, 보통은 벌림에 지나지 않지만, 그러나 이 경우는 백에게 약점이 있으니 완전히 벌립니다. 백이 내팽개쳐 두면 3도 흑1에게 3 · 5가 살고, 흑7로 뛰어 공격

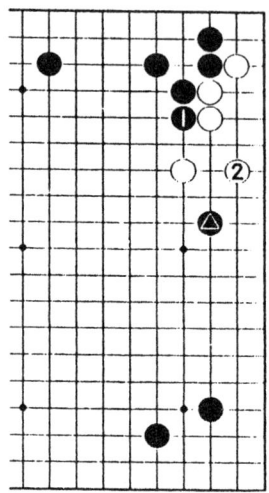

4
도

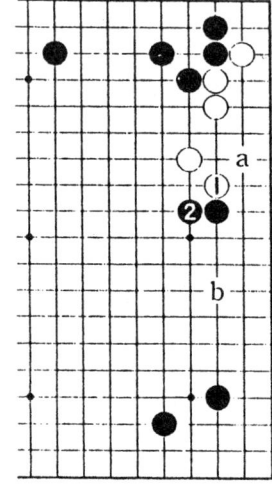

5
도

합니다.

正夫 3도는 어쩐지 흑이 호조인 것 같군요. 백에게는 눈이 없습니까.

大竹 이렇게 일이 잘 진행되면 말할 것도 없겠지요. 처음에는 너무 넓다고 생각한 흑 모양도 점점 굳어집니다. 그러나 4도, 백은 2로 피할 지도 모릅니다.

春子 그래도 그것은 ●의 메움에 백이 손을 뺐을 때 이야기이지요? 백의 순서이니 5도 백 1로 마늘모로 붙이지 않습니까.

大竹 春子씨, 왜 백 1로 마늘모 붙임을 합니까.

春子 흑a에 미끄러지면 백은 눈이 없어질테니……

大竹 잘 생각했읍니다. 백 1은 그것을 막으려는 것이군요. 그래도 흑은 마늘모 붙임을 기다리고 있읍니다.

正夫 흑 2로 세우는 것은 손해겠지요?

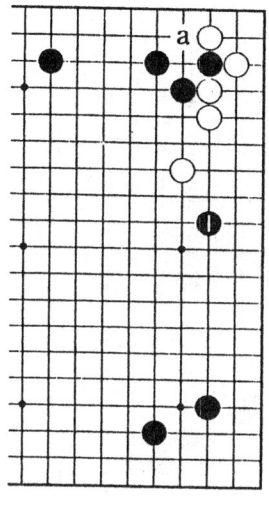

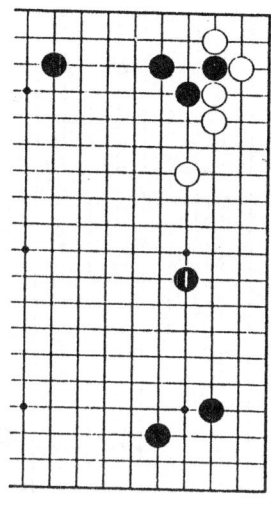

6 도

7 도

　大竹 빤히 알고도 흑을 굳히니까. 이런 마늘모 붙임은 가능하면 두고 싶지 않습니다. 마늘모 붙임이 좋은 것은 흑의 폭이 좁을 때. 예를 들면 b에 흑돌이 있을 때는 마늘모 붙임으로 세워도 그다지 손실이 아닙니다.

　正夫 요컨대 흑의 메움이 급소라는 것입니까. 백에게는 좋은 응수가 없습니까.

　大竹 그렇지만 6도와 같은 배치에서는 이야기가 달라집니다.

　正夫 흑 1의 메움은 안됩니까.

　大竹 귀의 백돌은 매우 튼튼합니다. 흑a에서 패로 분발하는 수는 있다고 해도. 그러므로 흑 1로 메워도 별 효과는 없습니다. 7도 흑 1 부근에서 대기하는 것이 적절할 것입니다.

　正夫 5도의 경우는 백돌이 약하군요.

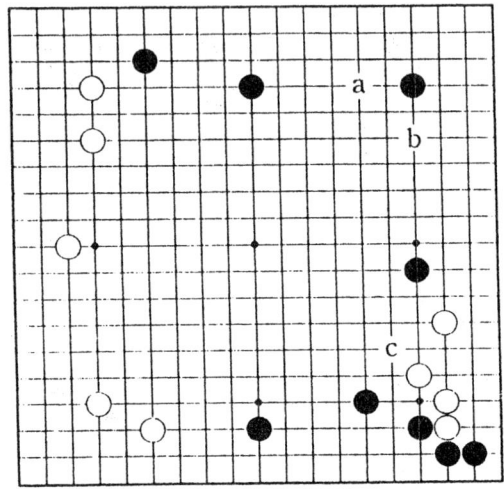

제2형

안정의 급소

大竹 이번의 급소는 '돌의 안정'에 관한 것입니다. 正夫씨도 春子씨도, 실례지만 약한 돌, 공격받는 돌을 내팽개치고 두는 일이 많지 않습니까.

正夫 그렇습니다.

春子 텔레비전의 프로 바둑을 보고 있으면 깜짝 놀랄만큼 튼튼하게 두는 일이 있읍니다.

大竹 그것이 아마'돌을 다스린다'는 수일 것입니다. 그림 제2형인데, 흑의 순서에서 어떻게 두겠읍니까.

春子 a나 b에 두어 모양을 넓히는 것이 클 것 같습니다.

正夫 흑c로 걸쳐 공격할까?

大竹 착안점은 正夫씨가 좋지만 공격하는 방향이 틀립니다. 春子씨의 a나 b는 모양을 굳히는 큰 수. 그러나 단

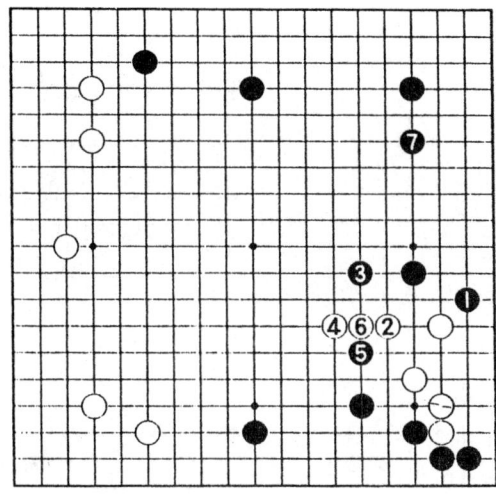

순한 큰 곳에 불과합니다. 이 장면은 어느 아마 고단자의 바둑에서 뽑아 온 것인데 흑은 1도 흑1로 두었읍니다. 이것이 좋은 수로 이 장면의 급소의 한 수입니다.

正夫 그쪽에서부터 공격합니까. 그래도 이 백돌, 딸 수 있읍니까.

大竹 백만 년 고생해도 딸 수 없읍니다. 따러 가는 것이 아니라 공격함으로써 흑 모양을 넓히는 것입니다. 예를 들면 백2 라면 흑3 으로 쫓고, 흑7. 이런 요령으로 모양을 굳힙니다.

春子 공격하는 것은 모양을 넓히기 위해서군요.

大竹 예. 3연성이나 중국류는 들어온 백돌에 달라붙어 공격, 모양을 굳힙니다.

正夫 1도는 흑1이 급소라고 했지요.

大竹 그 급소는 놓칠 수 없읍니다. 예를 들면 春子씨의

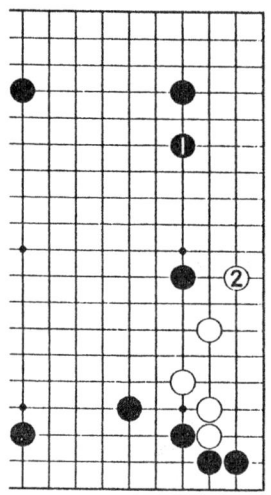 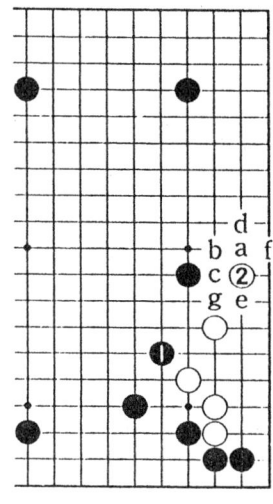

2도 흑1. 또 正夫씨의 3도 흑1. 어느 쪽을 두어도 백 2로 미끄러지게 합니다. 이곳에 미끄러지게 하면 백돌은 한꺼번에 수습됩니다. 그리고 흑의 모양은 기슭을 달려 약해집니다.

春子 그 말을 들으니 좀 알 것도 같습니다. 그래도 3도는 흑a에 걸치면 막히지 않습니까.

正夫 그렇지. 그 수가……

大竹 백은 b로 젖혀내고, 이하 백 f 까지 먹혀 버립니다.

正夫 그래도 흑g에 이어 백의 네 점이 위기일 것입니다.

大竹 아니, 그렇지 않습니다. 이 네 점은 쉽게 딸 수 없습니다. 어쨌든 흑a는 좋은 수가 아니고, 백은 절대로 c에 충돌하거나 하지 말 것. b에 젖혀내는 한 수입니다.

正夫 잘 모르겠습니다.

大竹 이 붙임과 젖혀냄의 문제는 내일의 제4장에서 다

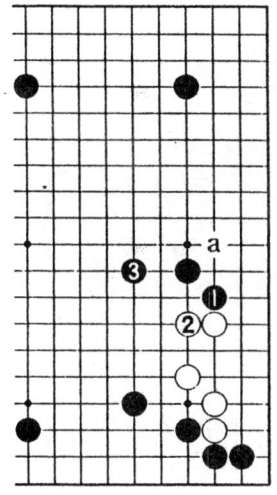

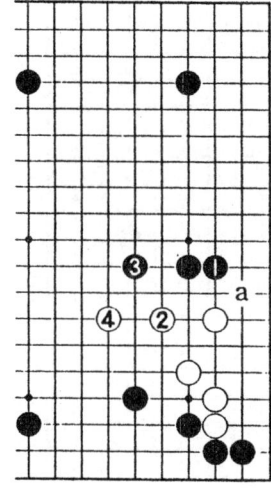

시 한번 등장하니 그 때까지 보류해 주십시오.

春子 4 도 흑 1 에 마늘모하면 안됩니까.

大竹 그렇게 둘 수도 있습니다. 백 2 에 흑 3 으로 뛰어 모양을 넓히는 것입니다. 먼저 마늘모 붙임은 좋지 않다고 하였지만 이 경우는 나쁘지 않습니다. 단지 백 2 로 세워 좀 튼튼해진 것과 장래 백에서 a로 올 수 있는 약점이 있습니다. 이것은 머리 속에 잘 넣어 두십시오.

正夫 5 도 흑 1 의 늘어뜨림은? 철기둥이라 하여 아주 튼튼한 모양이지요.

大竹 방향으로서는 그것도 좋습니다. 그러나 1도의 날 일자에 비하면 좀 둔할지도 모릅니다. 장래, 백a에 마늘모를 하여 눈모양의 여지를 주기 때문에……

春子 다른 질문을 해도 될까요. 6 도에서 흑은 1로 높이 벌려도, a로 낮게 벌려도 된다고 들었습니다. 그

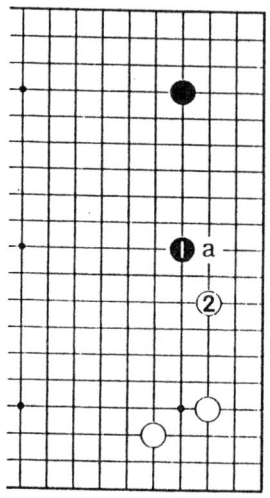 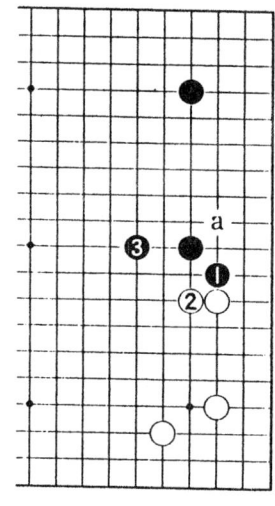

래서 흑1로 높이 벌렸더니 백2로 메워 왔읍니다. 그
래서 지키는 방법을 모르겠기에 ……

大竹　실제로 어떻게 두었읍니까.

春子　6도 흑a에 늘어뜨리는 것과 7도 흑1·3으로
두 가지 생각하였읍니다. 실제로 둔 것은 7도입니다.

大竹　正夫씨, 어떻게 생각합니까.

正夫　철기둥도 마늘모도 별로 좋지 않은 것 같습니다.

大竹　그렇습니다. 철기둥에 늘어놓는 정도라면 8도 흑
1로 낮게 벌리고 백2에 흑3으로 뛰는 편이 낫습니다.
흑돌이 a보다 3에 있는 편이 좋게 되어 있으니까. 또 7도
의 마늘모 붙임은 이 경우 악수라 해도 좋을 것입니다. 백
의 벌림을 튼튼하게 하고 a의 결함을 남겼읍니다. 마늘모
붙임이 나쁜, 대표적인 모양입니다.

正夫　그럼 어떻게 두면 좋을까요.

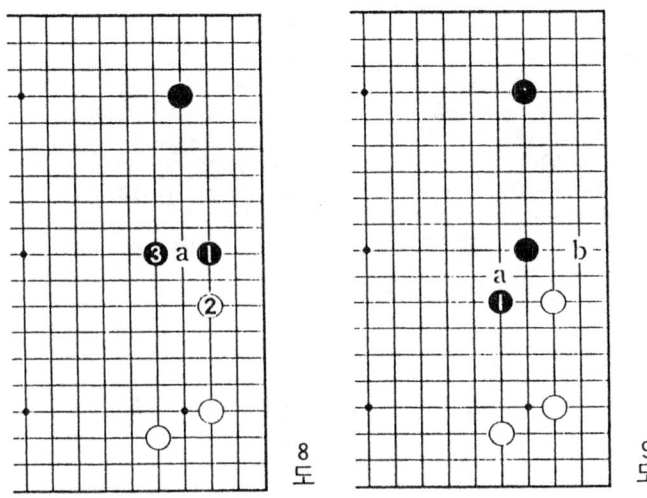

大竹 어차피 처음에 높이 벌렸으니 집에 신경을 써서는 안됩니다. 9도 흑1이나 a, 중앙을 중시해야 합니다. 백b 의 미끄러짐은 별로 걱정 없읍니다.

春子 그렇습니까. 4선의 벌림과 3선의 벌림의 차이는 거기 있군요.

大竹 착수의 의지를 계승해야 합니다.

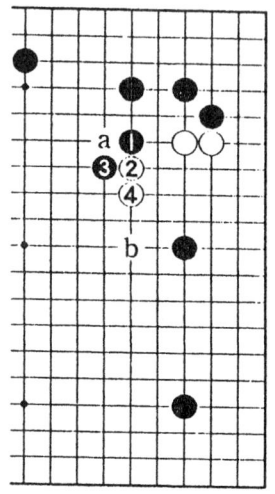

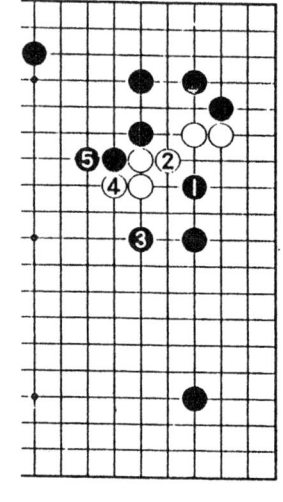

제 3 형

1 도

공격의 급소

大竹 접바둑에서 중요한 것은 놓인돌을 공격에 활용하는 것입니다.

正夫 春子씨는 열심히 집을 에워싸지요!

春子 요즘은 그렇지도 않습니다. 지금 大竹 선생님의 놓인돌 이용법, 겨우 알게 되었읍니다.

大竹 제3형인데 6점 정도의 접바둑에 흔히 나타나는 모양입니다. 흑1의 모자는 좋은 모양의 공격. 공격하면서 상변의 모양을 넓힙니다. 백은 2·4로 붙여당깁니다. 여기서 어떻게 공격을 계속하겠읍니까.

正夫 a에 단점이 있는 것 같지만 설마 흑a로는 잇지 않겠지요.

春子 저는 그런 수 두지 않습니다. 저라면 흑b의 공격.

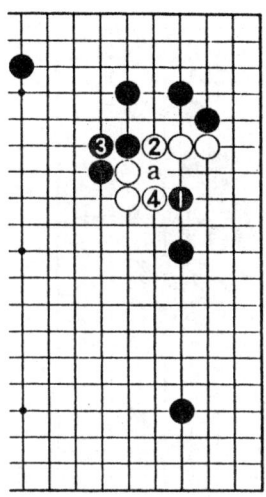

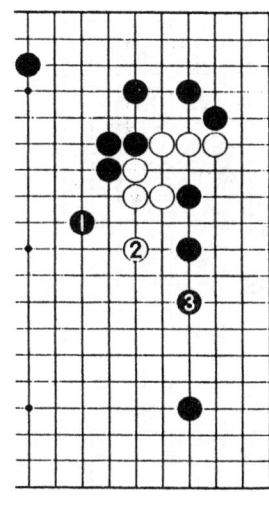

正夫 그렇지. 그것이 좋습니다. 어떻습니까? 大竹 선생님.

大竹 흑b는 상당히 스케일이 웅대한 공격으로 아주 좋습니다. 그러나 이곳은 1도 흑1로 두어 보고 싶은 곳입니다.

正夫 백2로 연결하면?

大竹 흑3으로 쫓습니다. 백의 모양이 허물어질 것입니다. 백의 모양은 엉터리.

正夫 2도 백2라면?

大竹 아직도 그 쪽이 낫습니다. 그때는 흑3에 이어 둡니다. 흑1의 돌이 바로 급소에 와 있는 것을 알겠습니까.

春子 다음에 a로 끊기니 백은 잇지 않으면 안됩니다.

大竹 백4라면 3도 흑1로 쫓고, 백2에 흑3. 이런 식으로 되면 압도적이고, 혹은 공격적으로 주위를 집으로 굳

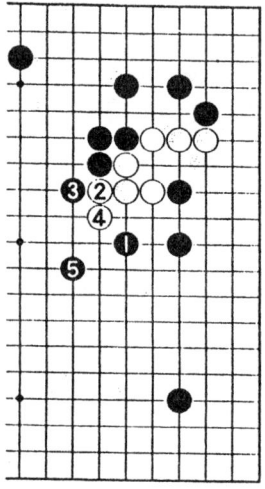

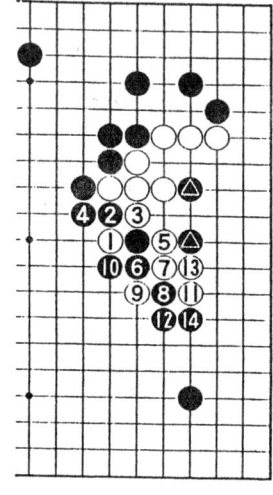

4
도

5
도

합니다.

　正夫　반대쪽에서 쫓을 수는 없읍니까.

　大竹　물론 가능합니다. 상변에서도 하변의 쪽이 중요하다면 **4 도**, 당연히 흑1에서 둘 수 있읍니다. 백 2・4 는 빈 삼각의 악형입니다. 흑 5로 쫓아 이것은 또 호조.

　正夫　호조는 알겠읍니다. 그래도 이렇게 잘 됩니까?

　大竹　이런 것은 백이 순순히 응대했을 경우의 이야기입니다만. 그러나 처음에 급소를 찔렸으므로 어느 쪽으로 해도 백은 괴로울 것입니다.

　春子　**4 도**와 같이 되는 도중에 백이 **5 도** 백 1로 붙여 오면?

　大竹　흑 2에 끼어들면 됩니다. 접바둑이니까 특별히 모양을 정하면 유리합니다. 흑 14로 누르고, 백의 집은 20집 없읍니다. ●가 끝내기에도 작용할 것입니다. 한편 흑의

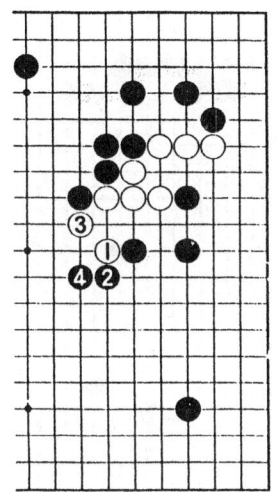

6
도

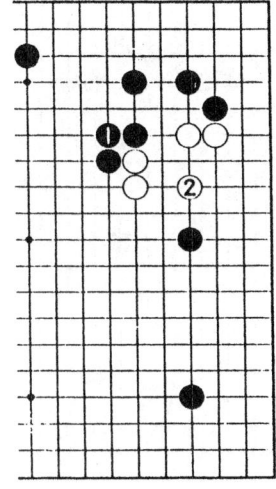

7
도

벽은 철벽입니다.

春子 끼어드는 것은 웬지 무섭습니다. 6도 흑2에 젖히는 것은 안됩니까.

大竹 그래도 좋습니다. 백3에 흑4로 뻗고, 하변을 소중히 하는 작전이군요. 어떻게 두어도 흑이 나빠지지 않습니다.

正夫 그런 분에 넘치는 일이 있습니까. 그럼 처음에 7도 흑1로 잇거나 하면?

大竹 바로 두느냐는 별개로 하고 백에 2로 대비하게 하면 다시 공격받게 되어 없어집니다. 이곳이 급소로 백2로 두면 한꺼번에 눈모양이 풍부해질 것입니다.

春子 급소가 얼마나 중요한가 하는 이야기로군요. 하나 강해졌읍니다.

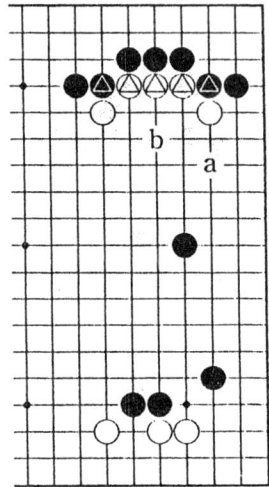

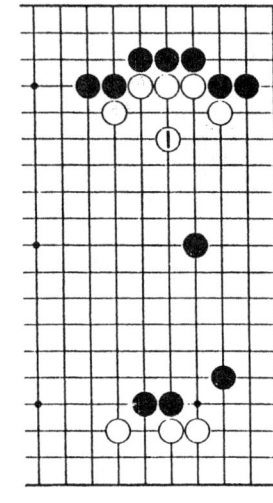

제4형

1도

세 점의 한가운데

大竹 제4형, 윗쪽을 보십시오.

春子 백은 벽이 생겨 두텁군요.

正夫 정말? 별로 두텁게는 보이지 않습니다.

大竹 그렇습니다. 백은 아주 약해서 흑이 일발 급소를 방문하면 한꺼번에 모양이 허물어집니다. 급소는 어디일 까요.

春子 흑 실전에서 이런 모양이 생기면 저는 흑a로 두겠 읍니다.

正夫 이 급소는 제가 알고 있읍니다. b의 점이 급소가 아닙니까?

大竹 그렇습니다. b가 소위 '세 집의 한복판'이라는 것 입니다. △의 세 점에 대해 ●로 양쪽을 젖힌 모양, 아니

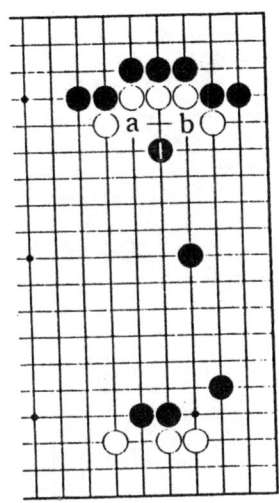

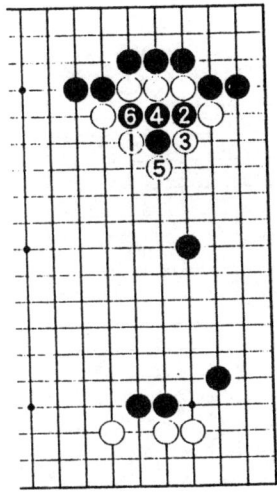

면 한쪽을 젖힌 모양에서의 급소입니다.

正夫 백이 지킨다면, 1도의 백1이겠지요?

大竹 예. 이 경우는 '적의 급소는 나의 급소'가 들어맞습니다. 흑에서도 2도 흑1에 둡니다. 이것으로 백은 한꺼번에 모양이 허물어집니다. 어떤 수를 두어도 백은 모양을 잘 정리할 수 없읍니다. 그러므로 하는 수 없이 수빼기가 되는 일도 있읍니다.

春子 2도는 a와 b에 끊음이 있지만 어떻게 두어도 잘되지 않는다니, 믿어지지 않습니다.

正夫 3도 백1이라면?

大竹 흑2로 끊어……

正夫 다음에 치고 돌아가기입니까. 백3·5로 맞대면,

大竹 세 점 빼앗겨 백은 산산조각으로 어찌할 수도 없읍니다.

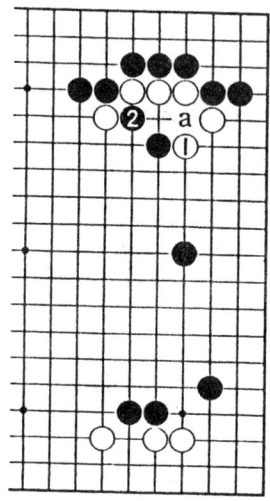 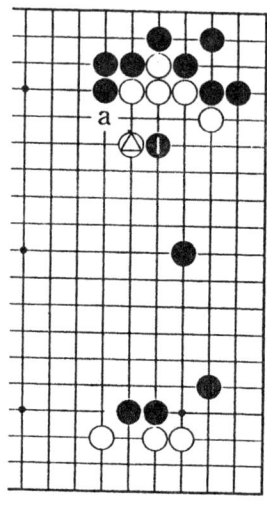

4도   5도

正夫 4도 백1에서도 흑2의 끊음입니까.

大竹 백1에서 2나 a에 이어도 백은 무거운 모양으로 쉽지 않습니다. 무거우니 전체를 공격당할 것 같습니다.

正夫 과연, a나 2에 잇는 것은 어쩐지 답답하군요. 단지 이었다는 것뿐……

大竹 요컨대, 급소의 일발로 모양이 허물어졌다는 것입니다. 그럼 이런 것은 어떻게 하겠습니까. 5도 △로 뛰고 있는 모양입니다.

正夫 a의 젖힘이 아니라 △로 뛴다! 아, △의 쪽이 백은 좋군요. 이것이라면 백은 확실한 모양일 것입니다. 백에서 그렇게 엄한 수는 없지 않습니까.

大竹 春子씨, '세 점의 한복판'은 어디겠습니까.

春子 흑1이군요. 그래도 설마 흑1에 두지는 않겠지요? △가 있는데……

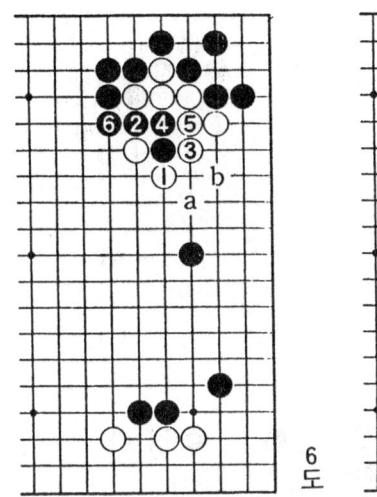

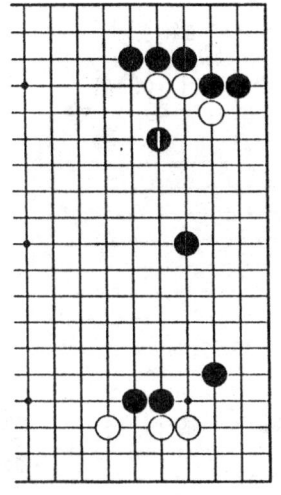

大竹 ⊘에 마음을 빼앗겨서는 안됩니다. 이 경우도 역시 흑1이 급소가 됩니다. 그러므로 백도 ⊘가 한길 옆의 1의 점에 있으면 확실한 모양입니다. 그곳이 급소이니까.

正夫 예? 그래도 흑1로 붙인 후는 어떻게 되겠읍니까.

大竹 일례를 들면 6도입니다. 흑6 다음 백a는 흑b, 표적이 될 것입니다. 단 이 그림은 일례에 불과하고 다른 **방법**을 생각할 수 있읍니다.

春子 '세 점의 한복판'. 또 하나 강해졌읍니다.

正夫 아무것도 모르는 春子씨는 다행이군요. 점점 강해지니.

大竹 7도라면 흑1이 급소. 백에서도 1이 수비의 급소입니다.

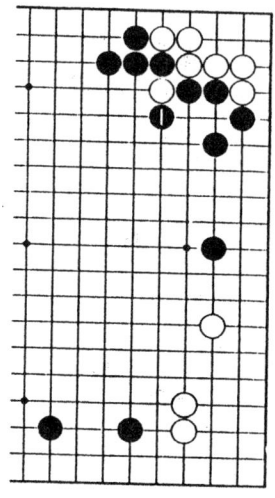

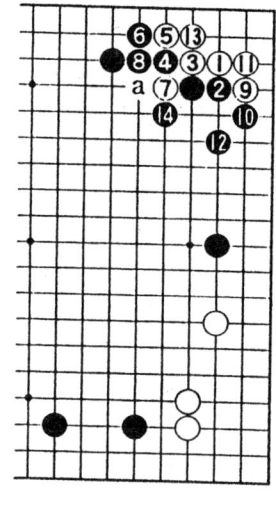

제5형

1도

감쌈과 나열이 급소

大竹 제5형은 흑1의 감쌈이 꼭 필요합니다. 이곳에 한 수 대비해 두지 않으면 장래 과감히 둘 수 없읍니다. 春子 씨, 이 귀의 모양 어떤 순서인지 알겠읍니까.

春子 화점의 흑에 백이 3·3에 들어온 것 같은데…

正夫 1도의 순서이겠지요?

大竹 잘 아시는군요. 마지막의 흑14. 이것이 정석의 결말입니다.

正夫 그 결말은 꼭 필요합니까.

大竹 예 특별한 일이 없는 한.

春子 축으로 따는군요.

大竹 축에는 관계없읍니다. 正夫씨, 알겠읍니까. 백a로 나오면 어떻게 할지……

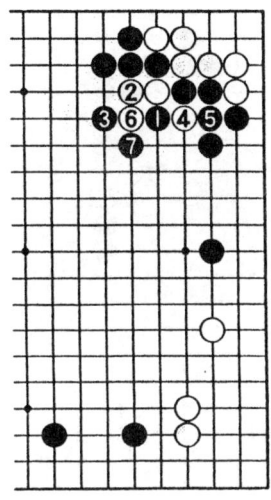 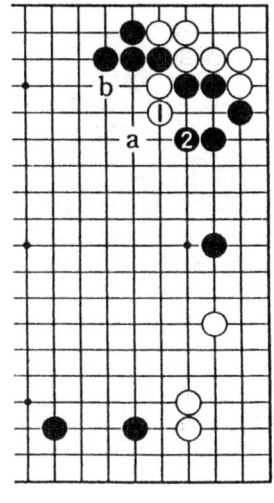

2도   3도

　　正夫 모릅니다. 그렇지만 축에 관계없다면 장문인지?
2도 흑3으로 걸치는……　그래도 백4에서 6으로 나
오는 수가 있읍니까.

　　春子 正夫씨. 흑7이 좋지 않아요.

　　正夫 그렇지. 역시 장문이 좋군.

　　大竹 이 정도는 자기 힘으로 읽어야 합니다. 그런데 흑
이 감싸지 않으면 어떻게 되느냐, 입니다.

　　正夫 물론 3도 백1로 움직입니다.

　　大竹 그렇지, 그 때 흑2의 나열이 급소입니다. '모양
의 급소'. 이곳을 두지 않으면 한꺼번에 모양이 허물어집
니다. 그런데 흑2 다음, 백은 바로 움직이나 움직이지 않
으나 좋습니다. 흑a는 백b가 있어 확실히는 뻗을 수 없으
니 즉, 백1, 흑2의 교환으로 한 수도 딸 수 없어졌읍니
다. 그러므로 이 교환은 백의 차지. 물론 바로 움직이는

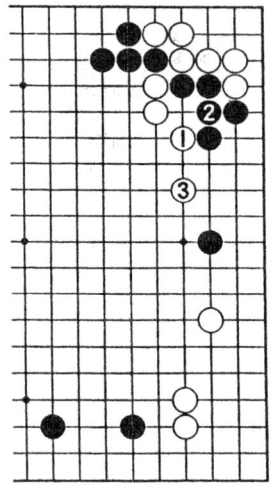

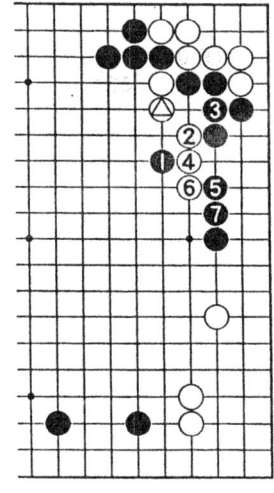

4 도

5 도

수도 있지만……

正夫 예, 그런 식으로 생각합니까. 아주 어렵군요. 저라면 분별없이 움직일 것입니다. 그런데 흑의 나열은 그렇게 중요한 급소입니까.

大竹 두지 않으면 **4 도** 백 1 로 마늘모를 할 수 있읍니다.

春子 적의 급소는 나의 급소군요.

大竹 흑 2 에 백 3. 흑은 꼼짝 못하게 됩니다. 이것으로 호랑이 새끼의 모양이 완전히 뼈와 살이 됩니다.

正夫 호랑이도 박제가 되면 박력 제로입니다.

大竹 아마 중급 정도의 바둑에서 **5 도** △에 대해 흑 1 로 두는 것을 본 일이 있읍니다. 엄청난 이맥으로 백 2 에서 4·6 으로 찔리면 모처럼의 흑 1 이 죽어 버립니다.

正夫 이 맥이라…… 과연 흑 1 의 돌은 없는 편이 낫군

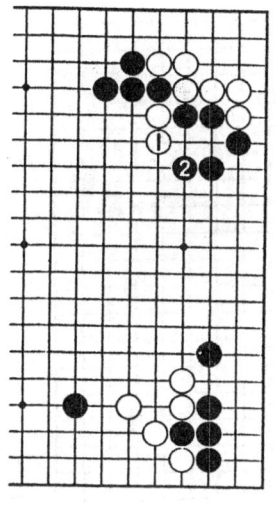

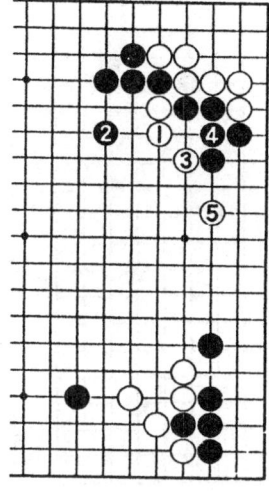

요.

大竹 그러므로 백이 움직이면 나열이 꼭 필요한 한 수가 됩니다. 다른 정석인데 6도 백1에 대해서는 흑2의 나열이 급소의 한 수. 모양은 지금과 똑같습니다.

正夫 7도 백1에 흑2로 공격하려는 것은 백3을 두게 하는……

大竹 흑4에 백5.

春子 흑은 죽어버릴 것 같군요.

大竹 이런 곳에서 잘 깨집니다. 正夫씨들의 바둑.

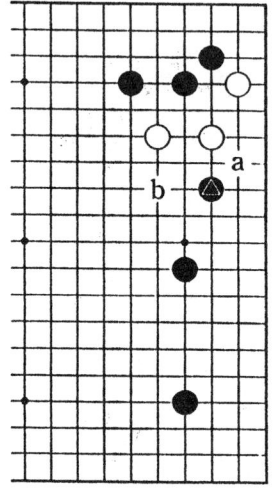

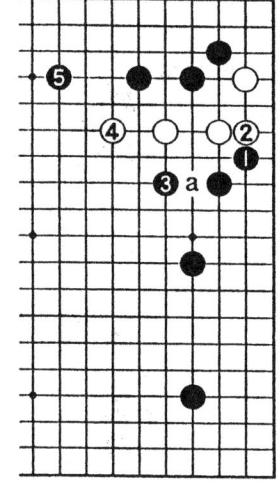

제6형

1도

급소의 붙임

大竹 제 6 형 ●로 협공당할 때 백의 세 점은 아주 궁색한 모습. 미끄러졌는데 협공당하면 안됩니다. 그래서 과거의 일은 소용없습니다. 흑에게 있어 절호의 먹이가 굴러들어온 꼴. 그럼 어떻게 공격하겠읍니까.

春子 흑a에 마늘모할까.

大竹 목하 5 급의 春子·씨는 항상 한 발 처지는군요.

正夫 흑b일까. 공격하면서 모양을 넓힙니다.

大竹 두 사람 모두 그 선을 가고 있지만 멀지 않아 밀립니다. a도 b도 백의 약점을 찌르고 있다고는 할 수 없읍니다.

우선 春子·씨의 수부터. 1도 흑 1 에는 백 2 의 누름.

正夫 흑 3 으로 쫓아 흑 5 로 가는 게 어떻습니까.

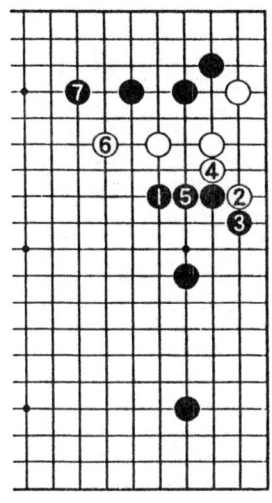

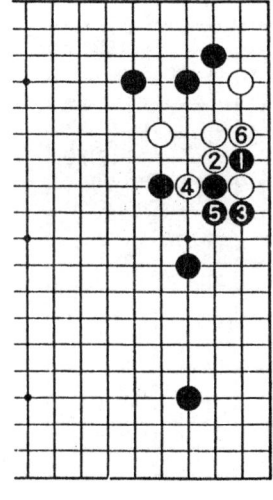

2
도

3
도

大竹 이것은 귀에서 백은 의외로 눈모양이 풍부합니다. 게다가 위험으로 보면 백은 2에서 a에 붙여 수습할 수도 있읍니다. 역시 春子씨의 마늘모는 공격으로써는 미지근합니다.

正夫 그럼 제 2도 흑1은?

大竹 이것은 결코 나쁜 수는 아닙니다. 백2로 붙여 볼까요. 백2·4를 살리면 조금 눈모양에 여유가 생길 것입니다.

正夫 잠깐! 3도 흑1로 젖혀 3으로 따는 것은?

大竹 백4·6 두 개를 맞대면 백의 모양이 정리됩니다. 이것은 백이 좋습니다.

春大 正夫씨도 저와 마찬가지로 별로 잘하지 못하는군요.

正夫 잠깐, 4도 흑3으로 기어들어가는 수는 없을까.

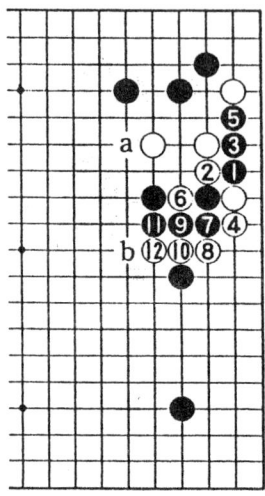

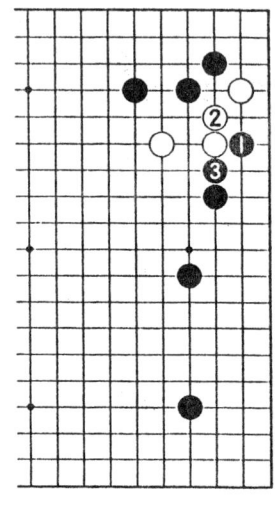

4
도

5
도

大竹 기세로서는 백은 4로 뻗고 싶습니다.

正夫 그건 큰일입니다.

大竹 흑5에 백6에서 12까지 뚫고나가, 이것은 어떻게 생각합니까.

正夫 흑a에서 먹힙니다.

大竹 백b가 삽니다. 따로 득은 되지 않을 것입니다.

正夫 정해를 가르쳐 주십시오.

大竹 이곳은 5도 흑1. 이 급소에 한방 먹이고 싶습니다.

正夫 예, 흑1이 급소입니까.

大竹 백 세 점의 명치에 해당합니다. 백2라면 흑3으로 굳히고 백의 눈모양을 잃습니다.

正夫 6도 백2라면……

大竹 흑3으로 당겨 흑5로 쫓습니다.

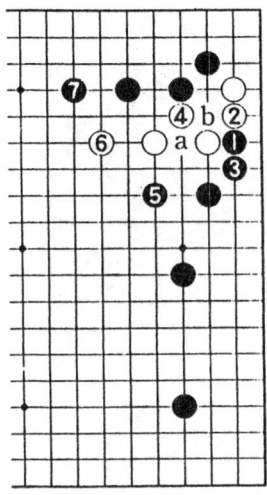

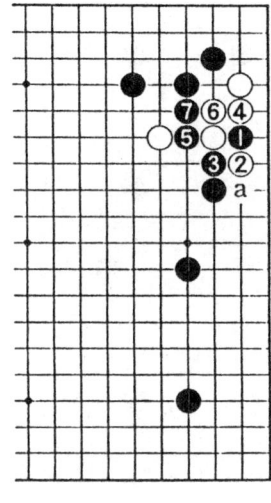

도

도

正夫 春子씨의 1도와 별로 변함없는 것 같은데.

大竹 아니, 백의 눈모양이 부족해집니다. 좀더 엄하게 둔다면 흑3에서 4에 나열, 백a, 흑3, 백b로 잇게 하고 나서 흑5의 뜀. 이것이라면 눈은 모두 없어집니다.

正夫 예?

春子 7도 백2·4로 따는 것은?

大竹 흑5·7로 관통하고, 이것이라면 상당한 전과입니다. 백4에서 6에 당기는 것은 흑a. 5도에 비해 한 점 물고 있으므로 흑 충분. 백도 2로 젖힌 이상 4로 땁니다.

春子 명치는 맞으면 아프죠.

大竹 이 형, 실전에서도 잘 나오니 잘 기억해 두십시오.

124

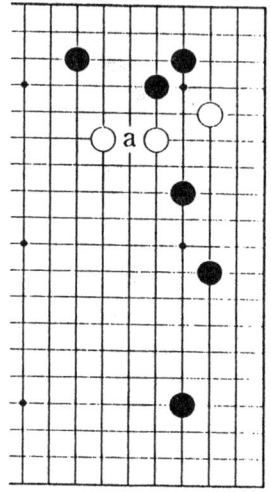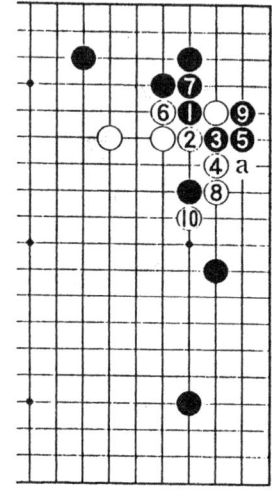

제
7
형

1
도

붙여넘어 절단

大竹 제7형. 또 백이 약한 모습입니다. 이런 것을 내 버려 둘 수는 없읍니다. 엄하게 급소를 찔러 혼줄을 내줍 시다.

春子 어디가 약할까.

正夫 그건 a의 곳이 아니겠어요, 한 칸 뜀이니까. 그 오른쪽의 날일자가 약할 것입니다.

大竹 잠시 생각해 보십시오.

……

正夫 여러 가지 수가 있어 잠시 헤맸읍니다.

大竹 어떤 수가 있읍니까.

正夫 1도 흑1에서 3의 끊음.

春子 그것은 처음에 머리에 떠올랐읍니다.

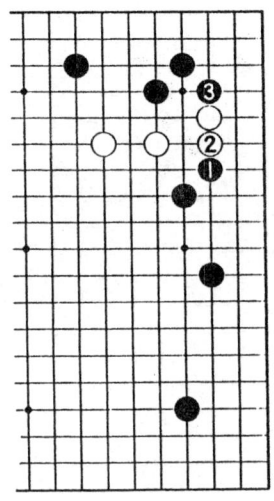

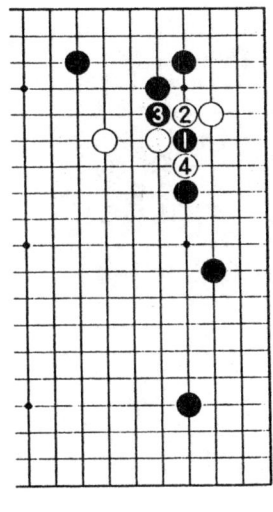

2
도

3
도

大竹 그런 수가 처음에 떠오르지 않았으면 좋겠군요.
백 4 · 6 으로 맞댐, 백 8. 백 10 으로 일단락됩니다. 귀에
서 실리를 취했지만 백 10 으로 젖힌 모습이 흑 대실패일
것입니다.

正夫 백 8 은 좋은 수일까. 백a에 누르거나 하지 않겠군
요.

大竹 다음에 어떤 수가 있습니까.

正夫 2 도 흑 1 의 마늘모는 어떻습니까.

大竹 그것도 하나의 맥입니다. 백 2 에는 흑 3 으로, 전
체를 공격하려는 것이군요. 그래도 3 도 흑 1 의 붙여넘음
을 깨닫지 못했습니까. 이것이 가장 단도직입적인 맥입니
다. 역시 백의 명치를 도려내는 느낌입니다. 백 2 에 흑 3
으로 끊고, 백 4 감쌈. 여기까지는 우선 필요할 것입니다.

大竹 그 후, 4 도 흑 1 로 끊습니다.

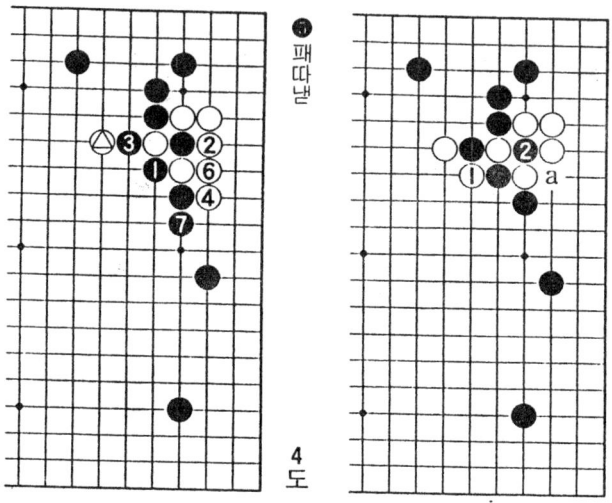

패 따 낼

4 도

5 도

正夫 그 끊음은 어디서 본 일이 있읍니다.

大竹 그렇겠지요. 이것은 항상 실전에서 등장하는 것이며, 正夫씨도 어딘가에서 두었을테니.

正夫 백을 3에 잇는 것은 흑6으로 빠지게 하는군요. 그러므로 이 양단수에는 백2로 빼는 수밖에 없읍니다. 그래서 흑3.

大竹 △를 잘라내고 흑7까지 백을 봉쇄할 수 있읍니다. 붙여넘음의 급소가 효과가 있었읍니다.

春子 그래도 어쩐지 패가 걱정입니다. 5도 백1로 끊어오지 않습니까.

大竹 문제는 그것입니다. 그러나 흑은 이 패를 염려해서는 안됩니다. 초반이나 중반의 빠른 시기라면 그다지 유력한 패 재료는 없을 터. 흑은 못 본 체하고 a로 두면 좋습니다. 약간의 패세움은 돌아다보지도 않습니다. 이것도

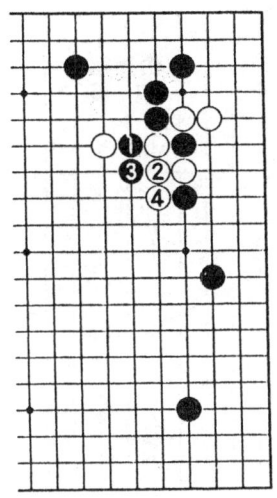 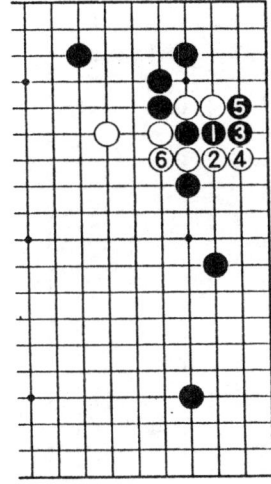

6
도

7
도

40집이나 50집, 그런 거대한 것이니.

　正夫　백도 패는 되지 않겠군요.

　大竹　6도 흑1에서 맞대는 맥도 있지만 이 경우는 실패입니다. 백2·4로 밀려나니까. 이것은 **4도**와 큰 차이입니다.

　春子　7도 흑1로 달아나면 안됩니까. 달아나도 먹히지 않을테니.

　大竹　백6까지 인접합니다.

　春子　귀의 집이 크지 않습니까.

　大竹　그래도 백의 두께는 그에 필적합니다. 이 그림을 4도와 비교해 보십시오. 분명 4도 쪽이 낫습니다.

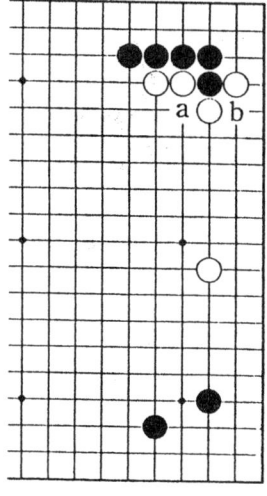

제 8 형

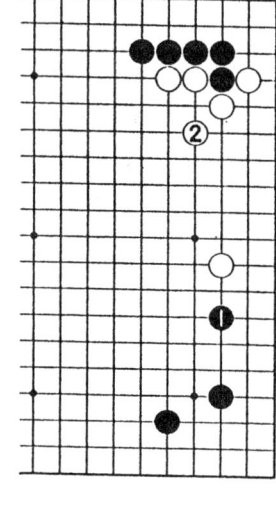

1 도

협공의 급소

大竹 제 8 형, 여기에도 급소가 있읍니다. '급소에 강해지자'는 모토에 딱 맞는 급소가. 자 正夫씨, 春子씨, 두 사람의 실력을 묻겠읍니다.

正夫 눈이 가는 것은 a와 b, 두 개의 단점이 있으니 백은 이 부근이 약할 것 같습니다.

大竹 그렇습니다. 이곳에 급소가 숨어 있읍니다. 예를 들면, 1 도 흑 1 의 메움은 크지만 백 2 로 지킬 수 있읍니다. 그러면 백은 확실한 모양이 되어 모처럼의 찬스를 놓칩니다.

春子 축은 어느 쪽이 좋습니까.

大竹 흑이 좋다고 합시다.

春子 2 도 흑 1 로 땁니다.

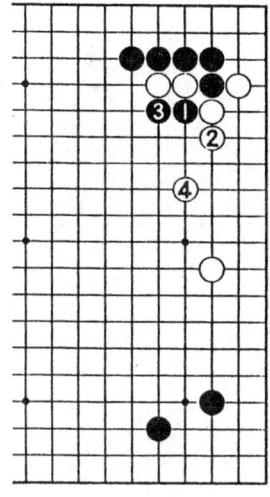

2
도

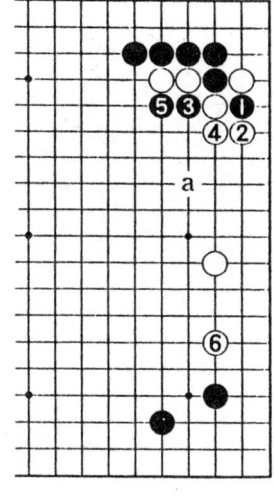

3
도

大竹 백 2 의 당김.

春子 흑 3 으로 땁니다.

大竹 그 두 점이 작습니다. 백 4 로 지켜 백은 좋은 대비를 하였읍니다.

正夫 위의 끊음도 실패…… 그럼 3 도 흑 1 의 끊음은?

大竹 위가 안되니 아래에서 공격하려는 것이군요. 백 2 로 감쌉니다.

正夫 흑 3 · 5 로 땁니다. 아. 이것은 春子·씨와 같군.

大竹 백 2 로 따게 할 뿐 더욱 나쁩니다. 백 2 · 4 로 튼튼해졌으므로, 백 a 의 필요는 없읍니다. 예를 들면 백 6 으로 돌립니다.

正夫 위 · 아래 끊음이 모두 안된다. 도대체 급소는 어디에 있을까. 설마 엿보기는 안되겠지요.

大竹 엿보기 ?

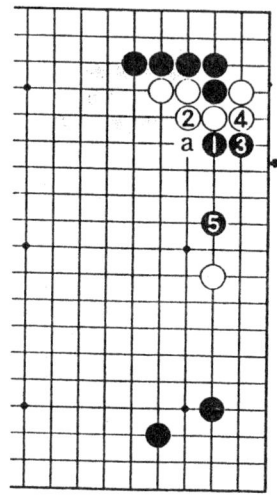

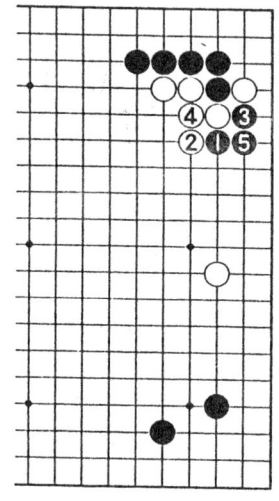

正夫　4도 흑a입니다만……

大竹　그럼 급소를 등장시킬까요. 4도 흑1의 협공이 백의 약점을 찌른 급소입니다. 단 이 수가 호수가 되는 것은 본제와 같이 2와 4에 단점이 있을 경우에 한합니다.

春子　흑1은 비약하여 아주 감동적이군요.

大竹　감동해 주셔서 황송합니다. 그럼 협공 이후의 변화를 하나하나 살펴 봅시다. 우선 백2의 이음. 흑3을 살려 흑5의 두 칸 벌림. 두 칸 벌릴 여지가 없어도 백의 일단이 매우 약하므로 흑이 둘 수 있습니다.

正夫　그럼 5도 백2의 젖힘은 어떻습니까. 이것은 흑3으로 맞댐, 5에 이어 좋지 않습니까.

大竹　그렇습니다. 이렇게 도려내어 공격하면 큰 수확일 것입니다. 다음은 6도의 이음입니까. 가볍게 흑3으로 뛰어 살리느냐, 흑a로 강하게 뻗느냐. 어느쪽이라도 둘 수

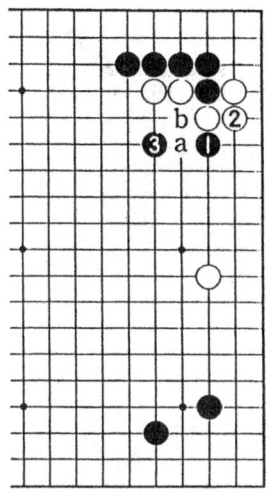

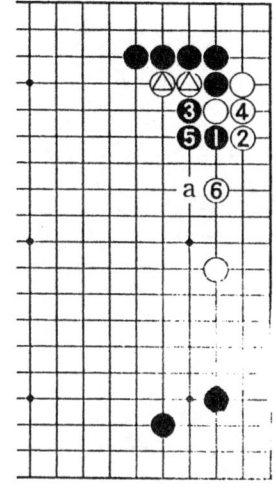

있습니다. 만의 하나 잘못해도 흑b로 끊지 말 것. 그러면 백a로 끊어 두 점을 빼앗기므로 형편없읍니다.

正夫 마지막은 7도 백2의 젖힘. 역시 흑3에서 5의 이음이시겠지요?

大竹 그렇습니다. ◎ 자체는 쓸모없는 돌이지만 백은 납작하게 만들어 흑a에서 모양 확대의 재미가 있읍니다.

大竹 8도 같은 배치도에서도 당연히 협공의 급소에 눈을 돌리십시오. 흑a의 끊음은 백b, c 모두 별로 눈에 띄지 않습니다. 지금 공부한 대로 흑c의 협공이 백에게는 제일 싫은 수일 것입니다. 또 한편 흑d 어깨붙임의 제거를 살피고 있으니 협공에는 힘들지 않을 것입니다.

春子 반대로 백이 둔다면?

大竹 b의 걸쳐이음일 것입니다. 그것으로 모양이 확실해집니다.

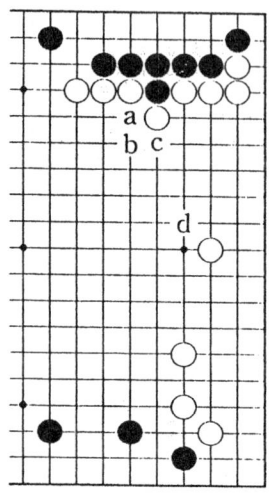

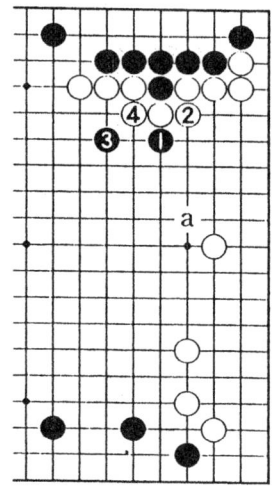

8도

9도

正夫 협공의 급소는 알겠는데, 그 후 어떻게 됩니까.

大竹 그리 어렵지 않습니다. 전에 한 것과 같습니다. 9도 백2로 잇는 것은 흑3으로 뛰어 가볍게 살립니다. 한편 흑a의 어깨이음이 있고, 흑1·3의 효력이 제거와 수습에 큰 역할을 합니다.

正夫 10도 백2로 위를 이으면? 이번의 요령이면 흑3의 뜀입니까.

大竹 거기까지 들어갈 수 있군요. 역시 흑a의 제거, 수습을 살핍니다.

正夫 백4에서 반격은 없읍니까. 흑4로 끊겨도 백b에 붙이는 수가 있으니.

大竹 그래도 백도 전체가 단조로우므로 별로 잘 되지 않습니다.

春子 11도 백2의 팽창은?

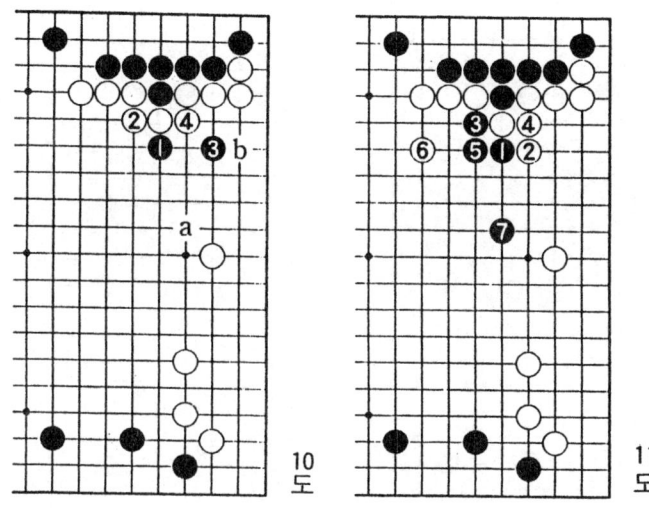

10도

11도

正夫 물론 혹3에 맞대어 이을 것입니다. 웬지 싸움이
될 것 같은데.

大竹 싸울 수 있읍니다. 백2에서 5로 부푸는 것도 같
은 요령. 이것은 백이 무섭습니다.

正夫 이 협공, 유단자의 맥이군요.

春子 저 같이 5급 정도인 사람이 두면 모두에게 존경
받겠군요. 그래도 그 후 난처한 수를 두거나 하여……

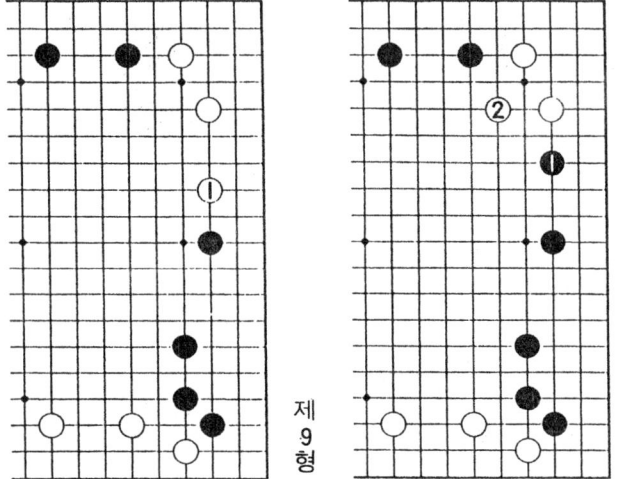

제9형

1도

굳힘을 도려낸다

大竹 굳힘 중에서 날일자 굳힘이 가장 견고한 굳힘입니다.

正夫, 春子 알고 있읍니다.

大竹 그래도 주위에 강력한 적이 다가오면 날일자 굳힘도 아연실색이 됩니다.

正夫 상대성 이론. 일만 명의 사단은 강력해도 오만 명의 적을 앞에 두고 약해진다는 것입니까?

大竹 그렇습니다. 날일자 굳힘이므로 언제까지나 안전하다고 생각하면 곤경에 처합니다. 예를 들면 **제9형** 백 1의 메움은 서둘러야 할 큰 곳입니다. 보통 두 칸 벌림과는 조금 사정이 다릅니다.

正夫 흑부터 두면 **1도** 흑1에 메웁니까?

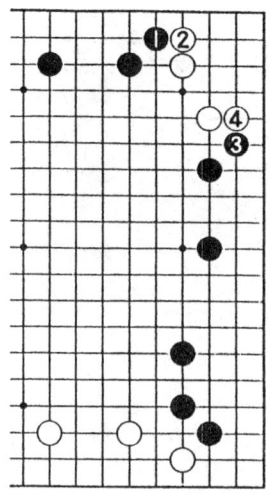

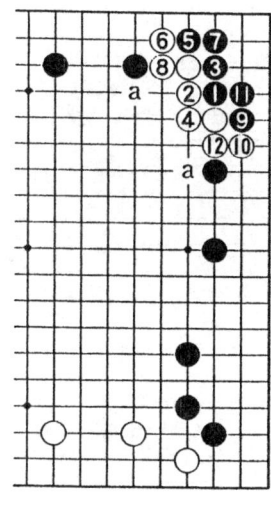

2
도

3
도

　大竹 그렇습니다. 그때 부분적으로는 백 2로 뛰어 지키지 않으면 안됩니다. 굳힘이 견고해지므로. 같은 수비라도 백 2가 좋으므로 쓸데없는 일은 하지 않는 편이 좋습니다. 그래서 백이 지키지 않으면 어떤가. 이것이 테마입니다.

　正夫 2도는 쓸데없겠군요.

　春子 전, 그렇게 둘지.

　大竹 그것은 빤히 보면서 백을 굳히게 합니다. 백의 가슴을 도려내는 급소는 3도의 흑 1. 극히 상식적으로는 백 12까지 생각할 수 있습니다. 흑은 도려내고 살았읍니다.

　春子 백은 두터워졌군요.

　大竹 아니 두텁지 않읍니다. 이 벽은 오히려 공격당합니다. 백은 a로 젖혀 조심합니다.

　正夫 과연, 전도의 백은 심난하겠군요. 눈이 없는 모양

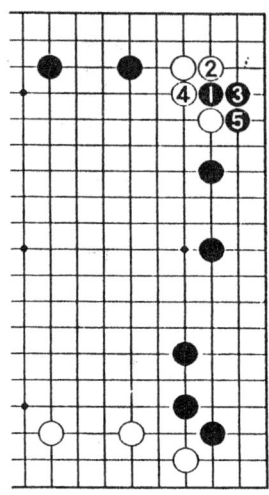
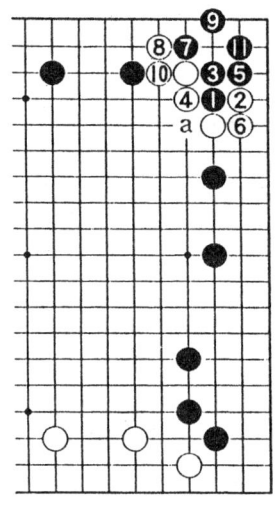

이니. 그래도 그렇게까지 됩니까.

大竹 백에게 이렇다 할 좋은 저항은 없을 것 같습니다. 즉, 요컨대 이 싸움은 백이 약하다는 것.

正夫 4도 백 2에 누르는 것은?

大竹 흑 3으로 내려도 될 것입니다. 흑 5로 도려내고, 백은 확실치 않습니다.

正夫 5도 백 2로 아래에서 젖히는 것은?

大竹 정면에서 가면 안되니 아래에서 수습하려는 것입니까. 태연히 흑 3으로 나옵니다. 흑 11까지 살며 흑 11에서는 a로 끊는 강한 수도 생각할 수 있습니다.

春子 보통은 벽을 만들어 나쁘겠지요? 그래도 이 경우는 반대로 벽이 공격받는군요.

大竹 이것은 실전에서도 종종 나옵니다. 6도를 보십시오.

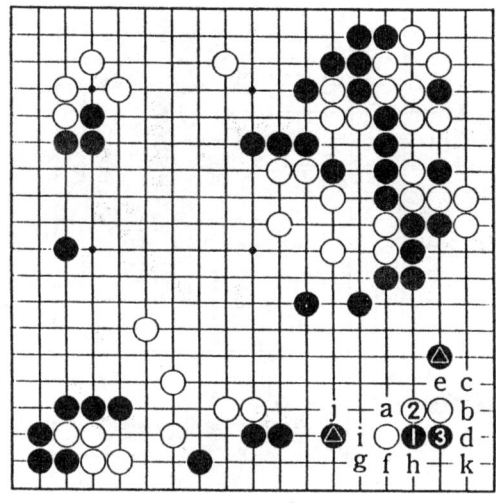

6
도

正夫 어디에 날일자 굳힘이 있읍니까.

春子 오른쪽 아래의 귀.

正夫 과연 ▲ 가 있군요. 흑 1 로 붙입니까.

大竹 물론 실전은 흑 1 에서 백 2, 흑 3 으로 진행되었읍
니다.

春子 방금 공부한 대로군요.

大竹 이곳이 문제입니다. 백a로 이음, 흑b 이하 백i 까지
는 흑j로 세웠다 해도 힘듭니다. 주위는 흑돌뿐이니.

春子 눈으로 읽어서는 큰일이군요.

正夫 별로 대담할 것 없읍니다. 백d, 흑k, 백b로 젖혀잇
는 것은?

大竹 그것도 흑f로 힘듭니다.

正夫 여기서 한번에 흑의 승리가 결정될 것 같군요. 제
가 백을 쥐고 두면 빼앗길 것 같은데. 자만은 아니지만.

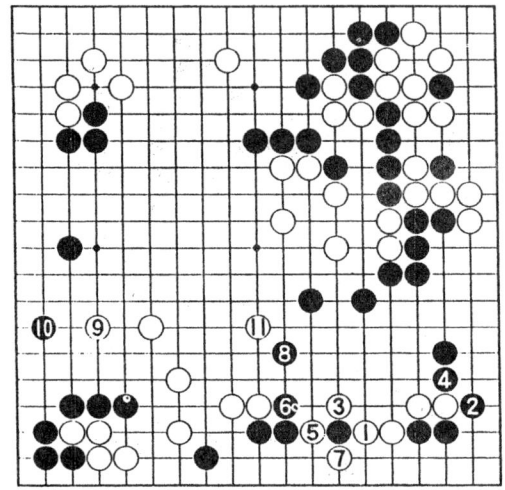

7도

大竹 이런 돌을 빼앗긴다면 목을 매 죽는 편이 낫습니다. 그렇다고는 해도 백도 필사의 곳입니다.

그래도 좋은 수습이 있었읍니다. 7도 백 1에 충돌한 것입니다.

正夫 예. 충돌은 생각지도 못했읍니다. 그래서 어떻게 되었읍니까.

大竹 흑 2 젖힘, 백도 3 젖힘. 흑 4 에 백 5 로 감싸고 한 점 따고 수습하였읍니다. 이하 백 11 까지가 실전의 진행입니다.

春子 무엇이 어떻게 된 것입니까.

正夫 즉, 한 점 빼서 수습하였다. 大竹 선생님, 이 결과는?

大竹 백이 잘 수습하였겠지요. 더 힘들 것으로 보인 곳이니.

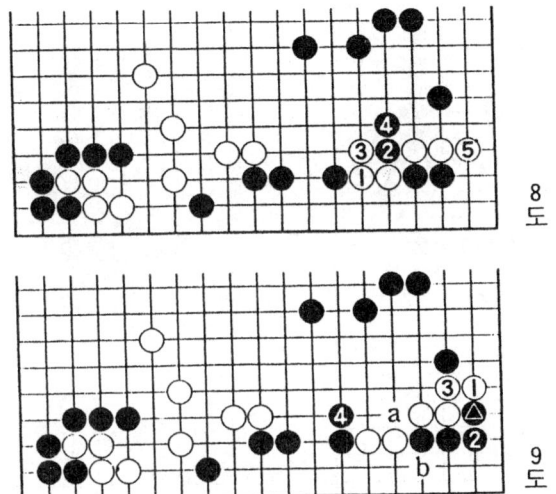

8
도

9
도

正夫 그래도 한 수 한 수 의미를 모르겠읍니다. 우선 백
1의 단수에 흑2로 젖힌 것은?

大竹 8도, 예를 들면 흑2에 끊거나 하면 백3에서 5
의 내림으로 흑이 먹힙니다. 즉, 백1은 다음에 따자는 수.

正夫 그럼 9도 ●의 젖힘에 백1로 누르는 것은?

大竹 그것은 위험. 백1‥3일 때 흑4로 세울 것입니
다. a의 단점이 있으므로 백b로 젖혀 딸 수 없읍니다.

正夫 과연, 그래서 7도 흑2,백3이 되었읍니까.

大竹 백3에 젖히면 이번에는 9도의 누름이 있읍니다.
그러므로 7도는 흑4로 건느고 백5의 감쌈이 되었읍니
다.

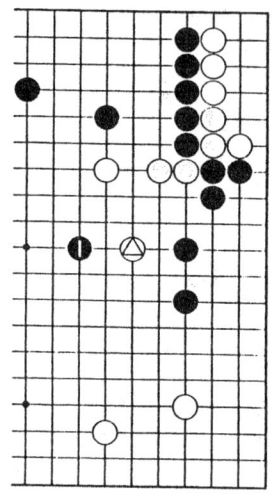

1
도

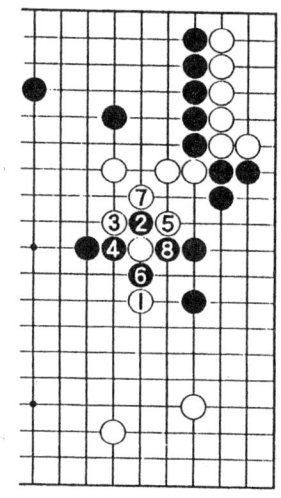

2
도

〈휴게실〉 귀의 급소

春子 大竹 선생님도 그런 하찮은 실수를 합니까.

正夫 일생에 몇 번일까. 일국에 몇십 번은 하는 우리들과 그것이 다르군요. 그런데 오늘은 마지막에 와서 무척 어려웠습니다. 잘 부탁합니다.

大竹 그럼, 내일은 좀 쉽게 합시다. 마지막으로 한 문제. 1도와 같은 모양이 출현하면 직감적으로 급소가 떠올라야 합니다.

正夫 春子씨, 떠올랐습니까?

春子 전혀. 正夫씨는?

正夫 전혀.

大竹 흑1이 급소입니다. 이것으로 백 수 점의 모양을 허물어뜨리니. △에 대해 흑1로 협공하는 모양을 '귀(耳)'

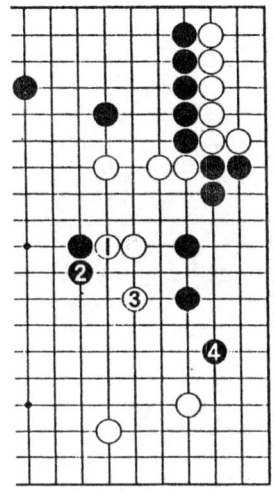

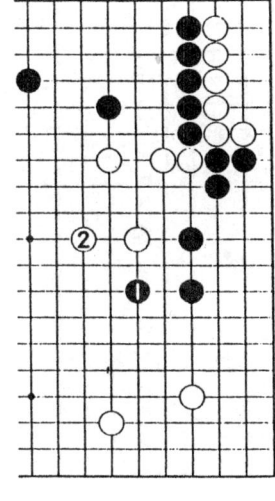

라고 합니다.

正夫 ⊘을 양쪽에서 누르는 것이군요. 인간이라도 주먹으로 양귀를 잡고 누르면 약해지니까.

春子 2도 백1로 뜁니까.

大竹 바로 흑2로 붙여 절단됩니다.

正夫 그 수를 노리고 있었습니까.

大竹 3도 백1에서 3이라면 절단은 없습니다. 그래도 흑2로 뻗게 하는 것은 아무래도 두기 힘든 수이므로 4도 흑1로 두는 것은 백2의 급소를 차지하여 모양을 정리합니다. 이곳은 한 방 '귀'로 먹이고 싶은 곳입니다.

正夫 이런 것은 없습니까…… 잘 생각나지 않는데… 5도입니다.

大竹 좋은 생각을 해냈습니다. 과연 귀의 좋은 샘플입니다. 흑1이 귀의 급소이군요. 백a는 흑b가 있고, 백c는

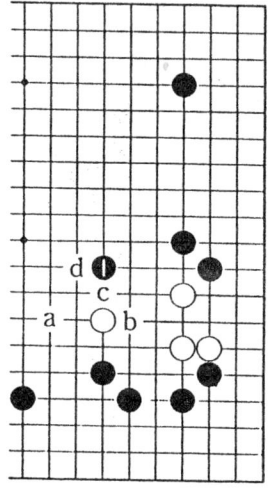

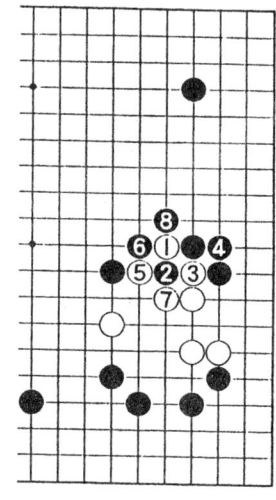

5
도

6
도

흑d로 뻗어 중앙이 두터워집니다.

　春子　그래도 6도 백1은?

　大竹　흑2로 젖히고, 백3에 흑4의 이음.

　正夫　아, 생각났다. 백5에 흑6 · 8이지요!

　大竹　그렇습니다. 봉쇄하면 흑이 좋습니다. 이 모양도
다 배웠군요. 뭐니뭐니해도 '급소를 놓치지 말라'입니다.
어디가 급소인지를 발견하는 것은 어려운 일이지만……

제 4 장

공방에 강해지자

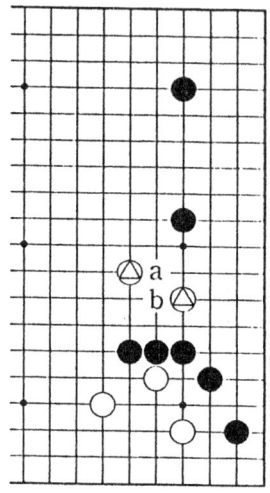

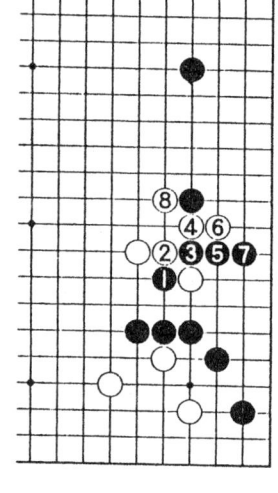

제1형

1도

크게 공격한다

大竹 오늘의 테마는 '공방에 강해지자'입니다. 공격과 수비, 공격과 피하기. 이것은 바둑의 주역, 중반전의 절정이니까. 공격이 강하고 받음이 강하면, 즉 힘이 강하다는 것이 됩니다.

正夫 저는 공격은 강하지만 피하기는 서툽니다.

春子 거짓말. 강한 사람과 하면 공격이 둔한 것입니다. 正夫씨, 공격은 약하지만 받음도 약하지요. 저도 그렇습니다.

大竹 바로 시작합니다. 제1형은 흑의 차례입니다. ◎의 두 점이 허술하다고 생각할 것입니다.

正夫 날일자이므로 절단할 수 있을 것 같습니다. a에서 갈까, b에서 갈까. 시험삼아 **1도** 흑1·3으로 끊어 보겠

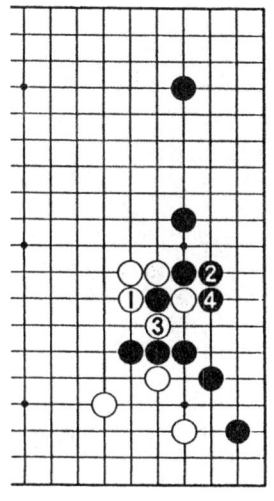

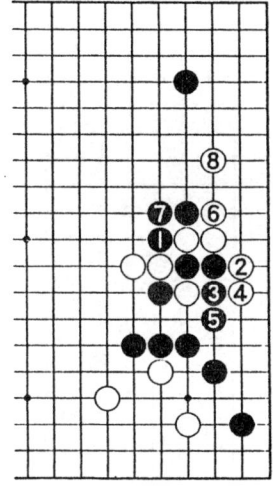

읍니다.

大竹 백 4 · 6 으로 위에서 맞댑니다.

正夫 아니, 버려집니까.

大竹 당연합니다. 백 8 로 젖힘, 흑 실패입니다. 백은 두 터운 모양이 되었읍니다.

春子 2 도 백 1 의 맞댐은 두지 않습니까?

大竹 이으면 좋지만 이어 주지 않습니다. 흑 2 · 4 로 피할 것입니다.

正夫 1 도의 흑 7 에서 3 도 흑 1 로 끊는 수는 없읍니까.

大竹 그것은 없읍니다. 그러나 백 2 · 4 로 재촉, 백 6 · 8 정도에서 수습할 것입니다. 처음의 모양에서 보아 이런 결과가 되면 흑이 막히지 않습니다.

正夫 그러면 끊는 방법이 잘못되었읍니까. 4 도 흑 1 에

146

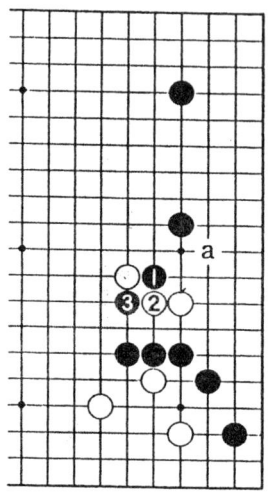

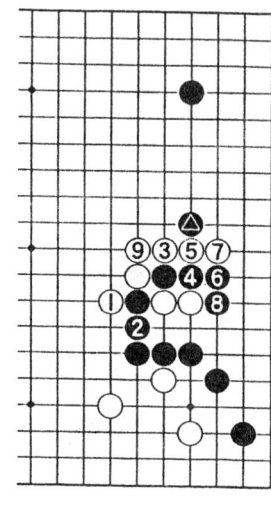

4도

5도

서 끊지 않으면 안됩니다.

大竹 정말? 자신 있습니까?

正夫 이번에는 두 점 버릴 수 없겠지요.

春子 그럼 백a에 두면 삽니까.

大竹 그렇게는 하지 않습니다. 5도 우선 백1로 맞댑니다. 이번에는 맞대고 나서 春子씨, 안심입니다. 그리고 나서 백3 이하 계속 맞대어 버립니다. 백9까지의 결과를 보십시오.

正夫 백 두 점을 따냈는데도……

大竹 ●은 죽었고 백은 철벽. 문제가 되지 않습니다. 물론 바둑은 패배.

春子 벌써 끝입니까! 그렇게 심합니까.

大竹 春子씨가 생각한 것 보다 훨씬 심합니다. 제가 하고 싶은 말은 이런 가벼운 돌은 일부러 끊지 말 것. 무서

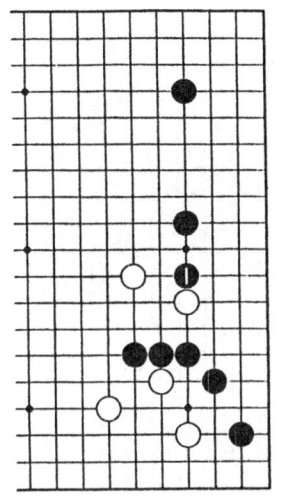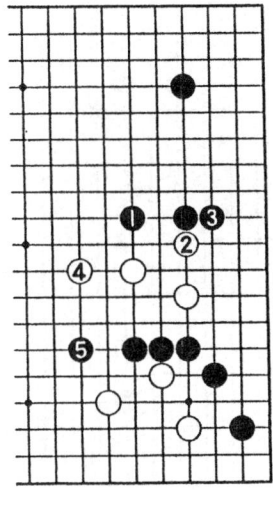

워서 수습이 힘든 돌은 끊어도 괜찮지만.

正夫 1도도 5도도 끊었기 때문에 도리어 수습되었군요.

大竹 그러므로 이런 때는 쓸데없는 힘을 들이지 말 것. 어깨의 힘을 빼십시오. 좋은 방법을 두 가지 나타냅니다. 하나는 6도 흑1의 붙임. 백의 모양을 허물고 공격하는 요령. 또 하나는 7도 흑1. 이것은 부드럽게 공격하면서 모양을 넓히는 전법입니다.

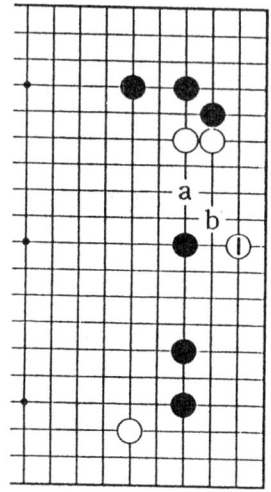

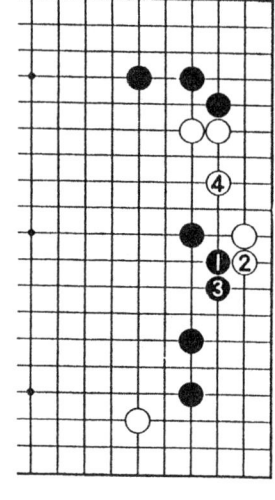

제2형

1도

접바둑은 강하게 둔다

大竹 이번에는 두 분에게 테마 그림을 부탁하겠읍니다. 春子씨, 正夫씨 질문 없읍니까.

正夫 …… 요전 아마 6단과의 6점 바둑에서 **제2형** 백 1로 미끄러져서 곤란했읍니다. 백a에 둘 것이라고만 예상하여 그 때는 흑b에 마늘모할 작정이었는데…… 백a, 흑b는 정석인데요.

春子 저도 백 1의 미끄러짐. 강한 사람이 두는 것, 본 일이 있읍니다.

大竹 이것은 상대의 힘을 시험하고 있군요. 대체로 미끄러지면 백이 잘 됩니다.

正夫 정말 밉살스러운 미끄러짐. 혼내주고 싶은데.

大竹 백 1의 미끄러짐은 속임수이니 혼내줄 수 없읍니

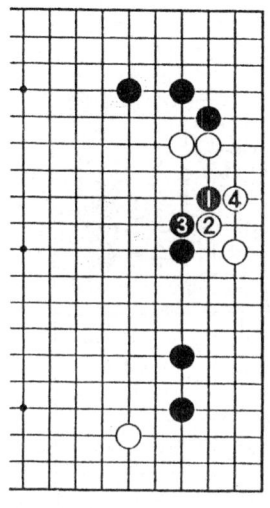

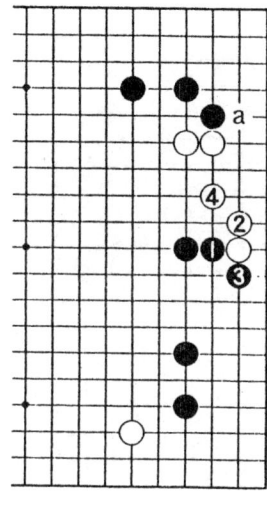

2도

3도

다. 正夫씨는 그 때 어떻게 두었읍니까.

正夫 1도 흑1의 마늘모입니다.

大竹 역시 그것은 백2·4로 수습되어 백이 시키는 대로입니다. 春子씨라면 어떻게 두겠읍니까.

春子 2도, 미끄러진 백돌을 끊고 싶습니다만 흑1로 날일자로 두어……

正夫 그럼 안됩니다. 백2·4에서 안됩니다.

大竹 正夫씨의 1급도 상당히 미지근한 수로군요. 그렇게 뽑낼 것 없읍니다. 그럼 大竹 선생님이 비법을 전수해 드릴까요.

두 가지 방법이 있읍니다. 3도, 우선 흑1의 단수가 차분한 방법. 백2에 흑3으로 누르고, 백4라면 흑a로 내리고 백은 아직 눈이 없읍니다. 변도 귀도 양쪽 모두 굳어지므로 흑이 좋습니다.

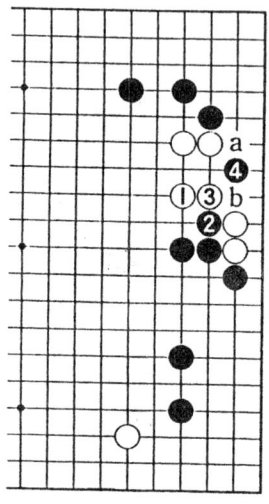

4
도

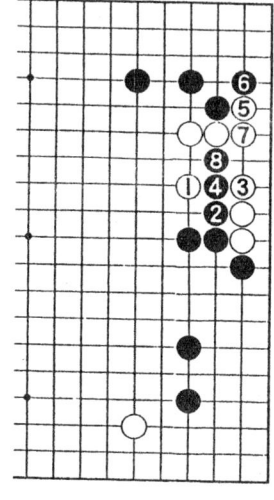

5
도

正夫 단수란 기능이 없는 수로 보이는데 그렇지 않군요.

大竹 예. 이 경우는 매우 강력합니다. 3도의 백4는 어쩐지 째째하므로 4도 백1로 둡니다. 여기서 흑2로 나오는 '우형의 묘수'가 있읍니다. 백3에 흑4로 두면 a와 b가 대응, 백은 아주 곤란할 것입니다.

春子 흑2가 그렇게 묘수입니까.

大竹 이것은 '빈 삼각의 우형'입니다. 그러므로 강한 사람은 흔히 생각하지 못합니다.

正夫 春子씨가 늘 두고 있는 빈 삼각. 大竹 선생님이나 제게는 생각이 미치지 않는군요.

大竹 아니, 전 바로 생각했읍니다. 생각하지 못하는 것은 正夫씨와 같은 어중간하게 강한 사람.

正夫 그런데 5도 백3으로 늦추는 것은?

大竹 그것은 상관없이 흑4로 나갑니다. 변함없이 백은

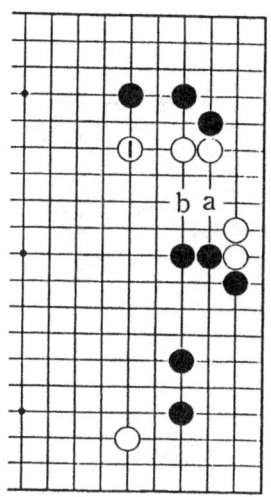

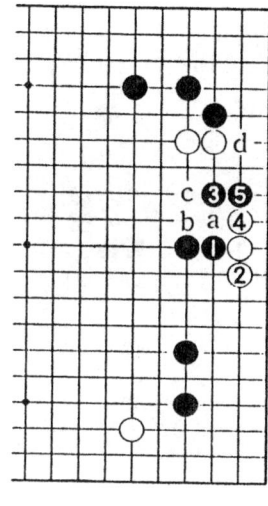

눈이 없읍니다. 애당초 **4도** 백**3**으로 누르는 수가 없으
면 백 안된다고 한 것입니다.

春子　**6도** 백a도, 백b도 안된다면 백**1**로 뛰는 것은 어
떻습니까.

大竹　좋은 말입니다. 대체로 백**1** 정도인지도　모릅니
다. 그래도 백은 여전히 약하므로 흑에게는 불만이　없읍
니다.

그렇지만 이야기는 아직 끝나지 않았읍니다. **7도** 흑**1**
에 백**2**로 뛰어들지도 모릅니다. 그 때 흑**3**이 한 방법.
백**4**에 흑**5**로 눌러 백a 이하의 끊음은 흑d에서 건넙니다.

단 전도는 흑이 d로 건너도 아직 모양이 분명하지 않습
니다. 그러므로 **8도** 흑**3**으로 강하게 누를 것을 권합니다.

正夫　누릅니까! 그것은 웬지 겁나는데. 단 하나 백**4**
의 끊음이 있을텐데……

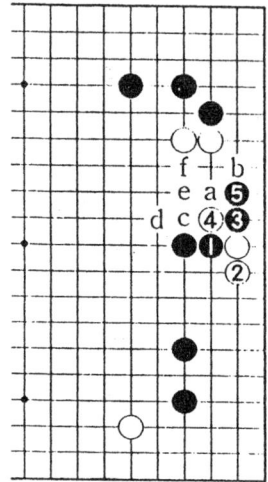

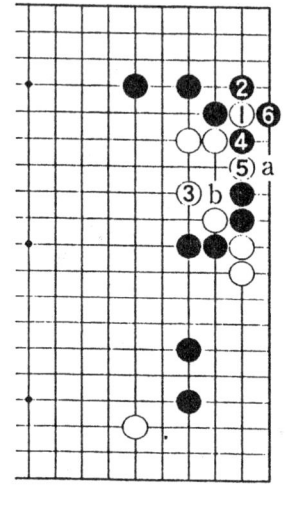

大竹 걱정하는 것도 당연합니다. 이 끊음은 확실히 읽어 두지 않으면 안됩니다. 흑a로 축에 다가가는 것은 좋지 않습니다. 흑5에 뻗는 것이 좋은 수입니다. 백은 4의 한 점을 빼앗겨서는 안됩니다. 그렇지만 백a로 누르는 것은 흑b로 뻗는 수가 있어 백 무리. 백은 아무래도 좋은 수가 없습니다.

正夫 백b에 마늘모하는 것은?

大竹 흑a, 백c, 흑d, 백e, 흑f …… 로 맞대고 f의 오른쪽에 이으면 됩니다. 9도 백1로 젖혀 백3에도 놀라서는 안됩니다. 태연히 흑4 · 6으로 끊습니다. 백a라면 흑b이므로 백은 처치에 곤란할 것입니다.

春子 너무 어렵군요. 나중에 다시 한번 복습하지 않으면 안되겠군요.

大竹 끊음이 서투르면 10도 백2의 협공인데……

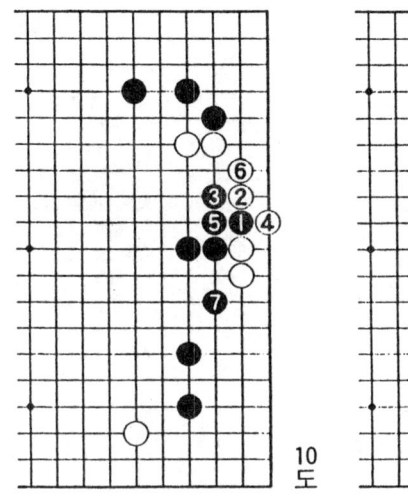

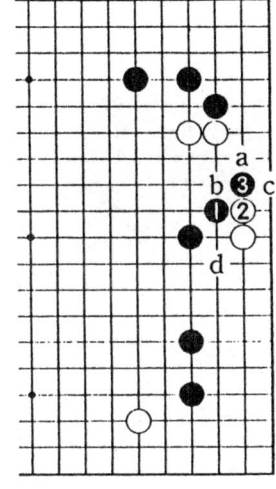

正夫 흑 3 입니까? 4에 내리는 것은 백에게 끊길 것 같은데 ……

大竹 그렇습니다. 백 6까지로 됩니다. 백은 건넜지만 이것은 흑 7로 두어 전체의 눈모양이 부족합니다. 이 그림도 흑이 좋습니다.

이상으로 단수를 끝냅니다. 그러나 단수와는 별개로 더 엄한 수단도 있습니다. 11도 흑 1에서 3의 누름입니다. 백a, 흑b, 백c로 건너는 것은 흑d에서 백돌은 전체가 불안

正夫 단수만으로도 어려운데 더 대단한 녀석이 등장했군요. 왜이리 성가실까.

大竹 불평은 내게 하지 말고 바둑에게 하십시오. 어쨌든 바둑은 지구인의 컴퓨터에 필적하는 괴물이니까.

正夫 12도 백 1로 끊는 것이 걱정입니다.

大竹 물론, 우선 흑 2로 맞대어 볼까요.

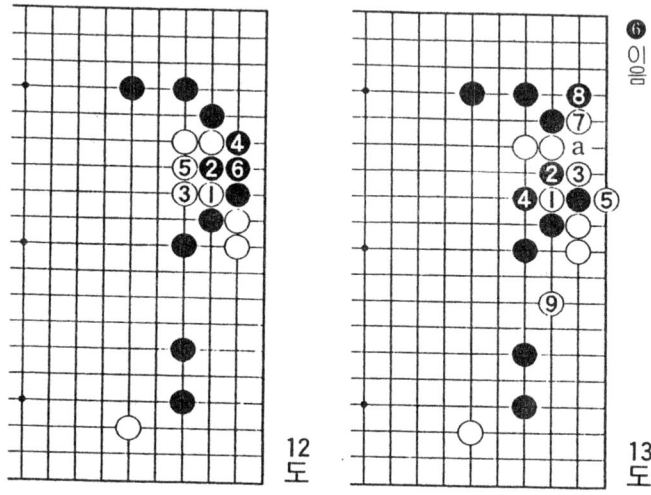

12
도

13
도

春子 알았읍니다. 백3에 흑4로 건너는 것이지요.

大竹 그렇고 말고. 흑6까지 누가 보아도 흑이 유리합니다. 백은 어느쪽의 일단에서 먹힐 운명입니다.

正夫 그럼 끊겨도 큰일은 없군요.

大竹 그렇지만 12도와 같이 된다고는 할 수 없읍니다. 13도 흑2일 때 백3 · 5로 조르는 맥이 있기 때문입니다.

正夫 비겁하게 건너버려!

春子 흑a로 끊으면 패가 됩니까.

大竹 예. 단 이것은 백의 차지로 유력한 패가 없으면 둘 수 없읍니다. 그래서 흑6으로 이음, 백7, 흑8, 백9가 됩니다. 이 그림은 백에게 유리하게 돌아갔읍니다.

正夫 아이고, 졌군.

大竹 그러므로 거슬러 올라가 14도 흑2로 뻗는 것이 좋습니다. 백3에 흑4 · 6으로 나오면 둘 수 있읍니다.

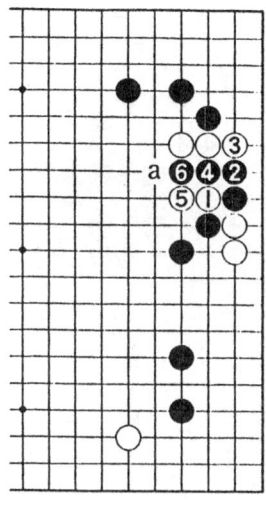

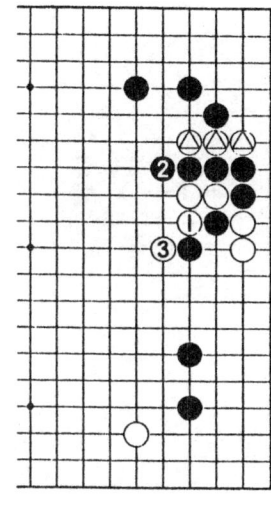

正夫 　백a에 눌리는가. 15도 백1로 맞대는가.

大竹 　그렇습니다. 단, 흑2, 백3이 되면 백으로서도 그
럭저럭일지 모릅니다. ◎의 세 점은 하는 수 없고 우변에
서 잘 수습하면 됩니다.

春子 　저는 16도 백1로 딸까 생각했는데……

大竹 　그것이 흑이 생각하는 급소. 흑2로 뻗어 출구를
막아버렸읍니다. 백은 a에 뛰어나올 수 없읍니다. 백 크게
나쁩니다. 그러므로 15도와 같이 되는데, 그러나……

正夫 　또 '그러나'입니까. 대체 어떤 것입니까.

大竹 　17도 ◎로 맞대었을 때 바로 중앙으로 뻗지 않고
흑1로 젖히는 좋은 수가 있읍니다. 백2라면 흑3으로 쫓
고 나서 5에 이음, 이것은 흑이 유리한 분열입니다.

春子 ……?

正夫 …… 과연. 백2에서 5로 따는 것도 백4에서 5

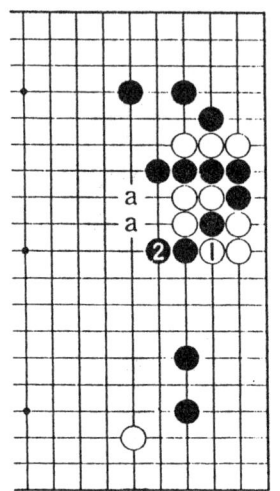

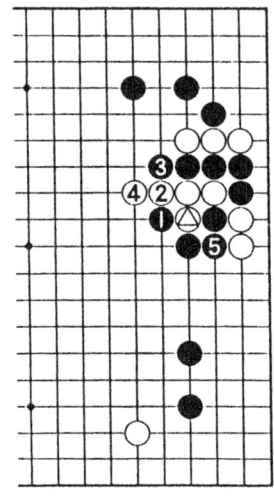

로 따는 것도 맞대어 조이려는 것이군요!

大竹 조이면 흑이 좋기 때문에. 이것으로 드디어 결론이 나왔읍니다. 흑은 다음에 단수로 하든지, 마늘모로 젖히면 됩니다.

正夫 그 두 가지를 알면 이제 백의 미끄러짐은 무섭지 않습니다.

大竹 또 하나 있읍니다.

正夫 또 있읍니까……

大竹 특수 전법인데, 18도 흑1에 두어도 됩니다. 이것도 맥이 좋은 수입니다. 백2라면 흑3으로 건너 백의 근거를 뺐읍니다.

春子 이것, 아주 뷰티플하군요.

大竹 그렇죠. 19도 백2에 붙이면 흑3으로 젖혀 5의 뻗음입니다.

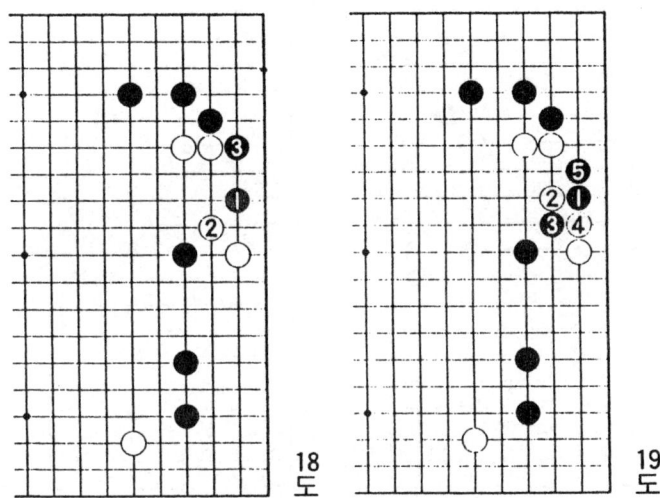

18
도

19
도

正夫 마늘모로 젖힌 것과 같지 않습니까.

大竹 이것으로 이 테마는 끝.

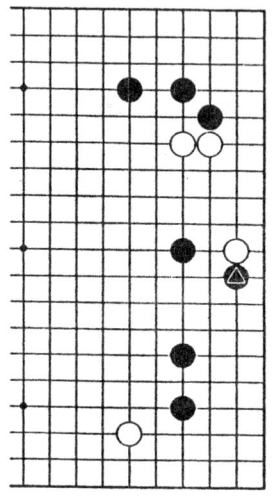

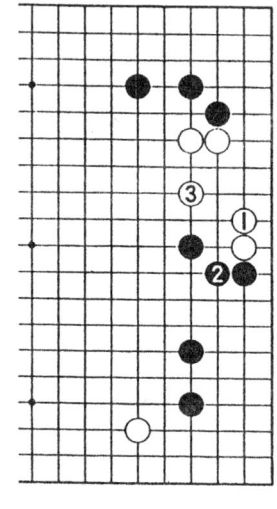

제
3
형

1
도

젖히는 한 수이다

大竹 다음은 제 3 형입니다.

正夫 또 같은 형 아닙니까.

大竹 모양은 같아도 테마가 다릅니다. 백의 미끄러짐에 대한 흑의 바른 응수는 알았습니다. 그렇지만 ●로 붙여 왔습니다. 이것은 아주 나쁜 수입니다. 이 나쁜 수에 백이 어떻게 응대하느냐.

이것을 생각해 보십시오.

春子 正夫씨, ●의 붙임은 흔히 있는 수 아닙니까?

正夫 그렇지, 우리도 늘 두고 있습니다. 그렇지만 백이 어떻게 두느냐가 문제이지만.

春子 이제까지 大竹 선생님의 이야기는 대체로 강한 수, 엄한 수가 정해였죠? 느슨한 수는 안돼요.

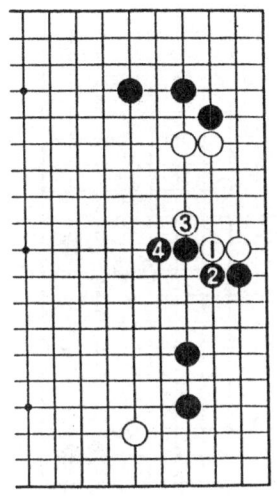

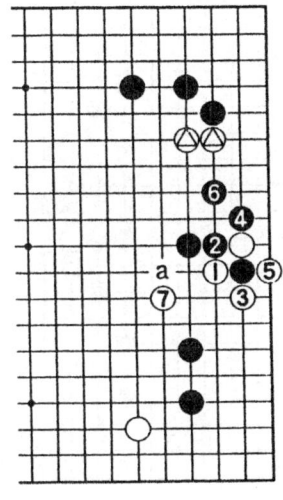

正夫 그런가. 느슨한 수는 안될까. 1도 백1의 당김은?

春子 흑2로 당겨 변이 멈추어 버리지 않습니까? 2도 백1도 흑2·4가 있습니다. 백은 살아도 흑은 밖으로 돕니다. 이것도 안된다고 생각합니다.

正夫 그래도 3도 백1로 젖히는 것은 흑2·4에서 6에 걸쳐이어 ◬가 위험합니다.

春子 백7로 뛰어서 어떻게 할까.

大竹 제가 하고 싶은 말을 春子씨가 대변해 주었습니다. 1도와 2도는 백 전혀 안됩니다. 3도 백1로 젖혀 한 점 빼는 한 수입니다. ◬은 위험해도 한 수에 먹히는 돌이 아닙니다. 단 백7은 a도 있습니다.

正夫 그렇습니까.

大竹 그렇고 말고. 그러므로 이에 유사한 모양으로 2선에 붙이면 우선 젖힐 것을 생각하십시오. **4도** 흑1의 안

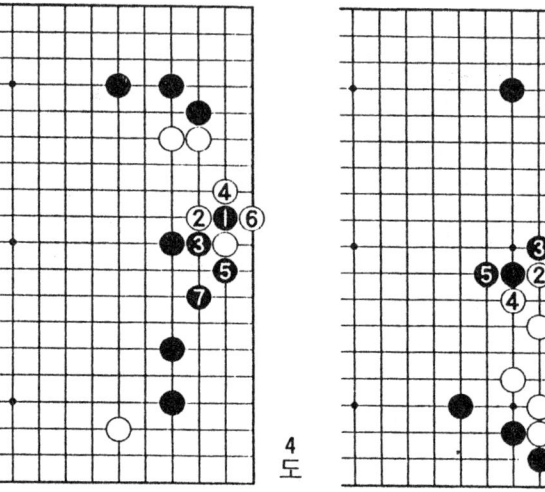

붙임도 악수입니다. 왜냐하면……

春子 大竹 선생님, 나머지는 제가 말하겠습니다. 백2로 젖히고 6 까지 뺍니다.

大竹 그래도 흑7로 걸쳐이어 두텁습니다.

春子 …… ?

大竹 미안, 미안. 지금 이야기는 농담. 두텁지 않다고 해도 이것은 굳은 형에 가깝고, 백6으로 빼 백돌이 완전히 수습되는 것을 무시할 수 없습니다. 그러므로 흑1은 공격해야 할 돌을 빤히 보면서 수습하게 한 악수입니다. 하나 생각났습니다. 중국류의 포석에서 5도와 같은 정석이 생깁니다. ⊘에 미끄러져 둔하지만, 설령 미끄러졌다 해도 흑1로 붙이는 것은 좋은 수가 아닙니다. 이에 대해 백 2·4로 두는 것은 흑1의 붙임을 좋은 수로 만듭니다. 이것은 단호하게……

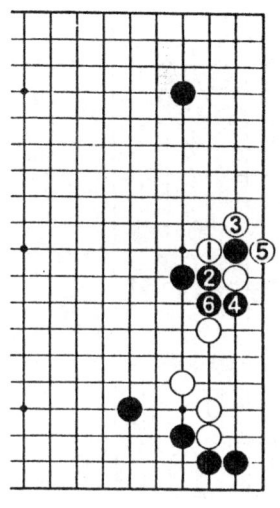 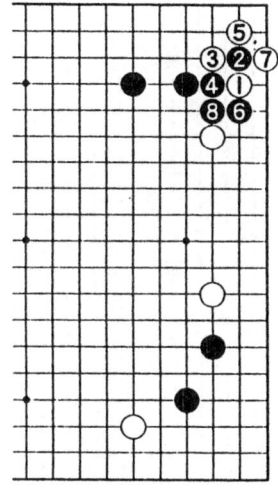

春子 젖히는 한 수.

正夫 6 도입니까. 그래도 흑 6 으로 이어 백의 네 점은 괜찮습니까.

大竹 괜찮습니다. 죽은 돌이 아닙니다. 죽는다 하면 그것은 저의 책임이 아닙니다. 그러나 백 5 까지 뻗은 것이 크지 않습니까. 이것으로 흑은 오른쪽 위 방면에 큰 모양은 바랄 수 없으니, 또 하나 7 도 백 1 로 미끄러졌을 때 흑 2 에 붙이는 것은 악수입니다. 백은 3 에 젖히는 한 수. 흑 8 까지의 분열은 백이 좋읍니다.

正夫, 春子 예?

大竹 백이 좋은 이유를 설명하기는 어렵지만 어쨌든 백이 유리한 것은 확실합니다.

正夫 깜짝 놀랐읍니다. 7 도는 흑이 안됩니까.

大竹 확실합니다. 正夫씨도 春子씨도 그것을 알면 아

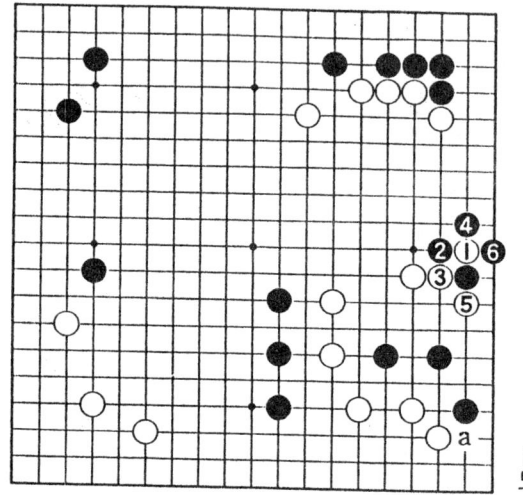

8
도

마 고단자입니다. 지금은 이유는 말하지 않지만 언젠가 알
게 될 것입니다.

春子 그 때는 80세는 되었을 겁니다.

大竹 저의 실전에서 이 젖힘의 맥이 나오므로 살펴봅시
다. 8도, 백이 저이고, 흑이 藤沢秀行 선생. 백1로 붙였
을 때 흑2로 젖혔읍니다. 이것은 당연한 수로 백도 젖힘
을 예상하여 붙였읍니다.

正夫 젖히지 않고 5에 당기는 것은?

大竹 그것은 백2, 흑a로 작게 살아야 하고, 백이 너무
둔한 그림입니다.

正夫 그래도 백3·5로 귀의 흑 세 점은 살수 있읍니
까.

大竹 살 필요는 없읍니다. 오히려 죽을 작정으로 흑은
젖힌 것이니까.

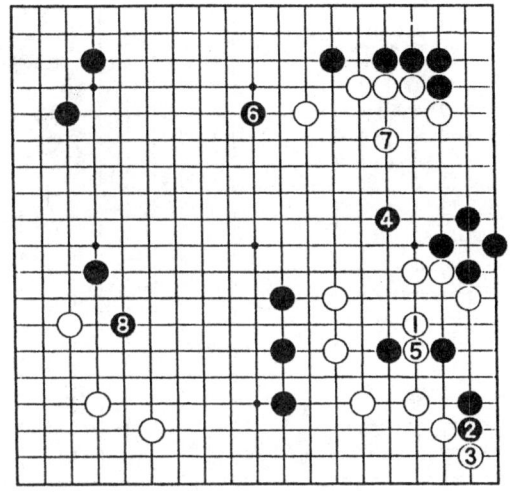

9도

正夫, 春子 예 작습니까.

大竹 작지 않습니다. 바둑판에는 더 큰 장소가 있다는 것. 이 후의 실전의 경과는 9도입니다. 백1에 흑2를 두고 흑4. 백5로 따내는데 한 수 필요. 이것으로 오른쪽 아래는 완전히 백집이 되었읍니다. 그러나 흑6으로 요점을 두고 백7에 흑8. 중앙을 스케일 크게 한 것입니다.

正夫 백7은 세 집의 한복판의 급소입니다. 그래도 이런 식의 방법이 있다니, 마치 다른 세상의 이야기 같습니다.

春子 집의 비늘을 벗긴 것 같군요. 저희의 바둑은 2중 3중으로 비늘이 씌워 있군요.

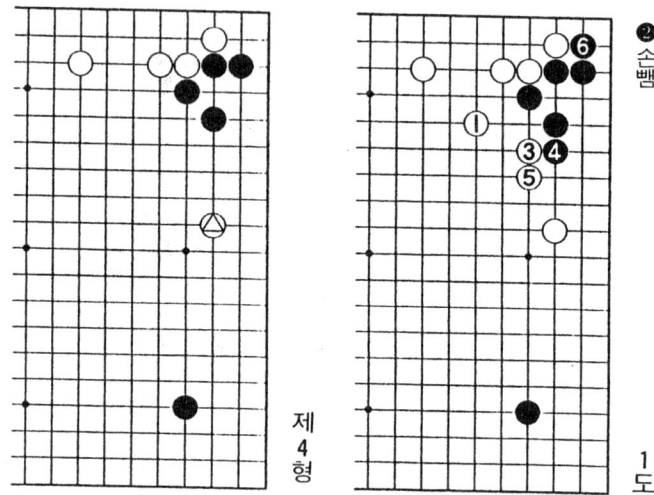

제 4 형

1 도

공격의 요령

正夫 大竹 선생님, 대체로 몇 집 이상의 돌이라면 버린 다는 기준이 있읍니까.

大竹 그런 편리한 기준은 없읍니다. 법률의 조문이 아 니니. 사각사면의 이치로는 산 바둑을 둘 수 없읍니다. 요 는, 임기응변이라는 것입니다.

春子 조문이나 수학의 공식 같이 딱딱 떨어지지 않는다 는 것이군요.

大竹 그럼 비늘이 한 장 벗어진 곳에서 다음의 테마로 갑시다.

正夫 어디에 문제가 있읍니까?

大竹 제 4 형 ◯ 의 한 점을 공격하라는 테마입니다. 그 전에 하나 말해 두면 오른쪽 위의 정석의 아프터케어(af

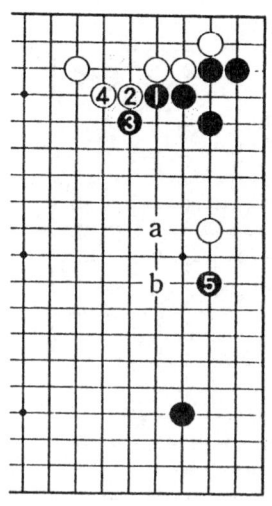

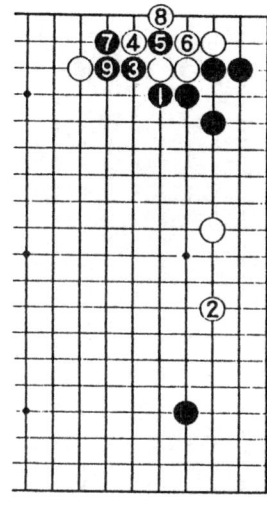

2 도

3 도

—tercare)는 백부터 두면 1도 백 1의 날일자입니다. 이 수는 예상 이상으로 두터운, 좋은 수였읍니다. 혹, 흑이 수를 뺀다면 백 3·5의 선수 봉쇄를 노리고 있읍니다. 공격으로 간다면 백 3에서 6입니다.

正夫 그것을 흑부터 둔다고 하면.

大竹 2도 흑1·3의 밀어젖힘입니다.

春子 흑1로 3의 날일자는?

大竹 그것은 선수가 안됩니다. 흑1·3으로 두는 것이 정해진 모양입니다. 흑1·3을 정하고 흑5의 메움. 이것은 공격의 상황입니다. 백a에 흑b로 쫓아가서 아래쪽의 모양이 넓어지므로.

正夫 공격하는 요령입니까.

春子 흑1에 백2로 젖히지 않으면 안됩니까.

大竹 받지 않으면 곤란합니다. 3도 흑9까지. 백2의 벌

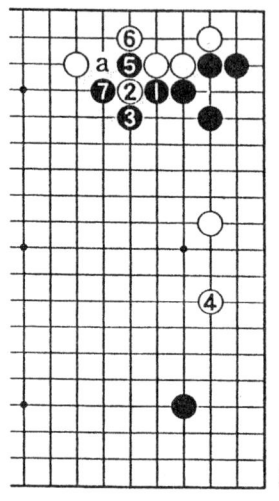

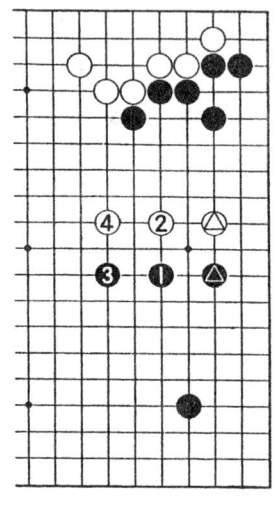

4
도

5
도

림 보다도 이 파고드는 편이 훨씬 크므로.

正夫 그럼 **4도** 흑1·3일 때 수를 빼는 것은? 이 편이 손해가 적을 것입니다.

大竹 아니, 흑5·7의 뻗을 허용해서는 안됩니다.

春子 백a에 맞대고 건너면 된다고 생각하는데······

大竹 백은 납작하고 얇은 모양입니다. **春子**·씨가 생각한 것보다 훨씬 나쁩니다. 그런데 **5도** ●의 메움에 대해 백이 아무 것도 갖지 않으면 어떻게 둘지. △을 어떻게 공격할지 생각해 보십시오.

正夫 **5도** 흑1의 뜀은 어떻습니까. 3선의 돌에서 중앙을 향해 한 칸 뜀하는 수에 나쁜 수는 없다고 하니까.

大竹 그렇습니다. 나쁜 수는 아닙니다. 그래도 이 경우는 △에 별로 다가가 있지 않습니다. 백4까지 서로 뛰는 것은 백도 편안했습니다. 백은 수를 빼 적극 환영하는 수

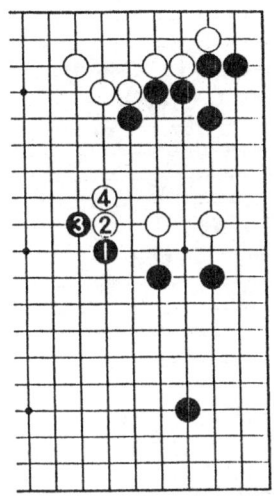

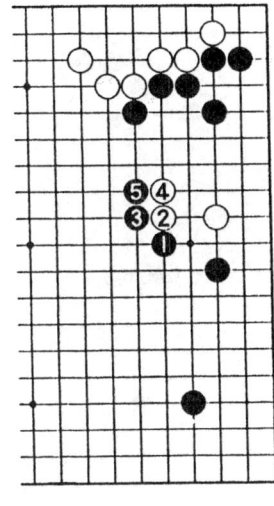

6도

7도

이니 더 엄한 수를 고르십시오.

春子 쫓는다는 것은 상대에게 다가가 둔다는 것이지요? 6도 흑1로 날일자하는 것은?

大竹 이것도 백2 · 4로 일단 좋음. 그러나 春子씨가 좋은 힌트를 냈습니다. 이 경우 날일자로 상대에게 다가가고 싶습니다.

正夫 그렇습니까. 처음에 날일자하면 좋겠군요. 7도 흑1. 이 정도의 수는 항상 두고 있습니다.

大竹 그렇습니까. 백2에 붙이면 흑3 · 5로 엄하게 봉쇄합니다. 이것으로 백은 괴로운 게 문제가 아닙니다. 죽을지도 모릅니다.

正夫 예, 죽어 줍니까. 그것은 큰 도움이군요.

春子 8도 백2 · 4로 두는 것은 안됩니까.

大竹 어떻게 됩니까?

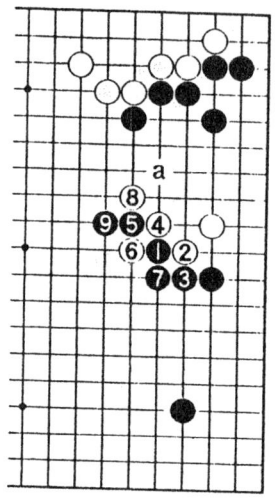

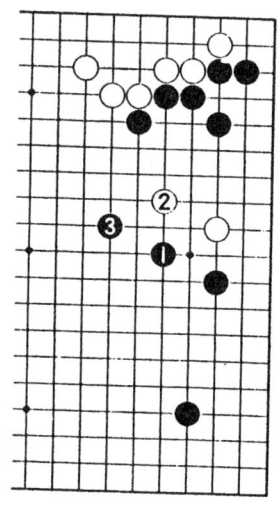

8
도

9
도

春子 흑5의 2단젖힘이라면 백6 · 8로 이 편이 죽지 않을 것 같습니다.

大竹 백a의 걸쳐이음 정도로 확실히 죽지 않습니다. 그러나 백2 · 4라는 것은 유례없는 속맥으로 어지간한 일이 없는 한 둘 수 없습니다. 백6으로 끊은 돌도 먹히고 있는 것 같고 흑의 벽이 엄청납니다. 아래쪽이 큰 모양이 되었습니다.

正夫 오랜만에 春子씨의 속맥이 나왔군요. 저도 백2 · 4로 둘 지도 모릅니다. 그럼 大竹 선생님 9도 백2로 날일자로 두지 않습니까. 그 편이 7도와 같이 되지 않아 좋다고 생각합니다.

大竹 모양을 정하지 않는다는 것이군요. 그럼 흑도 3으로 날일자하여 희미하게 공격할까요. 희미하게 모양을 정하지 않고 두는 것은 좋지만 여전히 백은 힘듭니다.

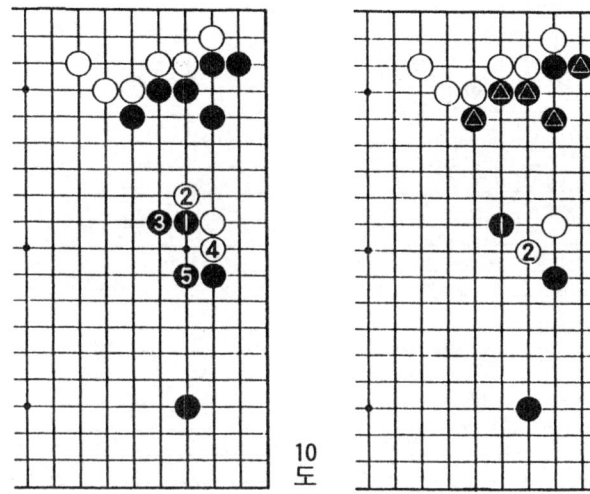

10도

11도

春子 다른 수는 없읍니까. 흑으로부터의 공격이. 10도의 붙여뻗음은 어떻습니까.

正夫 공격하는 돌에 붙이는 것은 좋지 않다고 합니다.

大竹 그래도 이 경우는 나쁘지 않습니다. 백을 작게 가두면 살 것 같습니다. 주위에 벽이 있으면 좋을텐데. 그러나 '공격'으로써는 날일자가 본맥이라고 알아 두십시오, 11도 흑1의 모자씌움은 백2로 마늘모를 하게 하여 이맥입니다. 이것은 공격 방향이 반대. 백을 ●의 벽에 가깝게 공격하는 것이 본맥이니까. 겨우 한길이지만 큰 차이입니다.

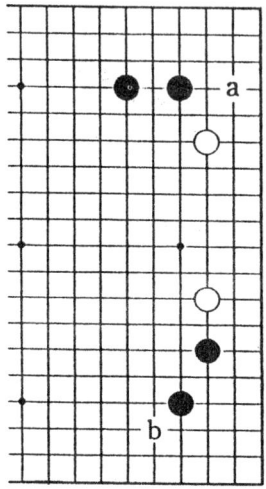

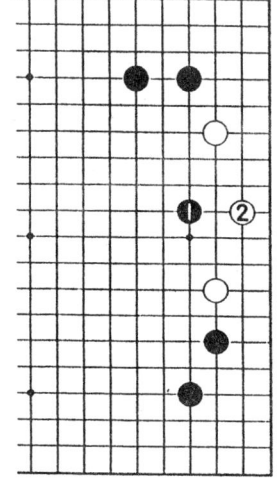

접바둑의 뛰어들기

大竹 네 점 이상의 접바둑에서는 하수가 이기는 찬스가 몇 번, 몇십 번 있읍니다. 제일 처음의 찬스는 초반부터 중간에 걸쳐 뛰어들기가 반드시 나온다. 대개 혹은 그 뛰어들기를 **빤히** 보고도 놓치고 있읍니다. 뛰어들기가 아니므로 백은 일어서자마자 가슴을 쓸어내립니다.

正夫 1회 전반 절호의 찬스를 놓친다는 것이군요.

大竹 제5형은 접바둑에 흔히 나타나는 일례. 여기서 바로 혹a나 b의 수비에 눈이 가는 것은 좀 힘이 넘칩니다.

正夫 그래도 귀를 지키는 것은 크다고 생각하는데.

大竹 正夫씨조차 찬스에 3구3진(三球三振)이군요. 물론 큰 지장 없지만, 이곳은 뛰어들기에 눈이 가면 좋겠읍니다.

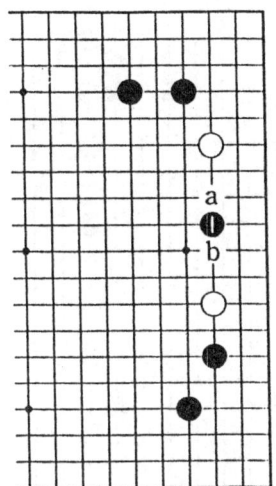

2
도

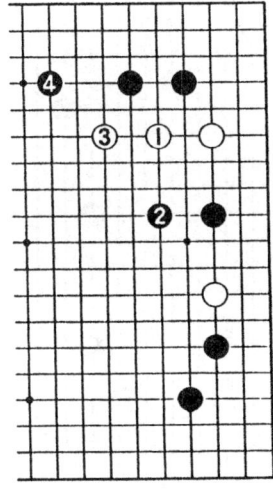

3
도

春子 1도 흑1입니까.

大竹 좋군요, 다섯 칸의 백의 한가운데로 뛰어든다. 백2로 건너주면 위치가 낮으므로 만족할 수 있습니다. 그래도 더 엄하게 2도 흑1로 깊이 뛰어드는 수가 있습니다. 이 것이라면 건넘이 없으니.

正夫 4선이 부드럽고 3선이 엄하다는 것이군요, 흑1이 아니라 a도 b도 있군요.

大竹 때와 장소에 따르지만, 이 경우는 흑1의 한가운데가 좋습니다. 3도 백1로 뛰면 흑도 2로 뛴다. 백3에는 흑4로 집을 굳히고 호조입니다. 백의 약석이 둘, 혹은 하나이니 틀림없이 유력한 싸움. 무서워할 것은 아무것도 없습니다.

春子 뛰어들기는 웬지 기분상 무섭습니다. 그래도 지금 大竹 선생님의 설명 잘 알았습니다. 3도는 흑이 매우 좋

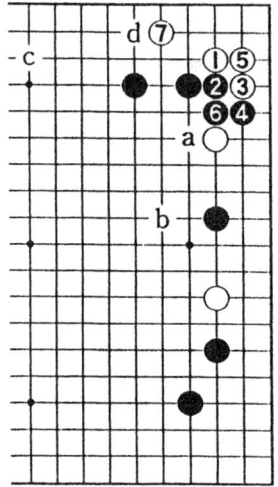

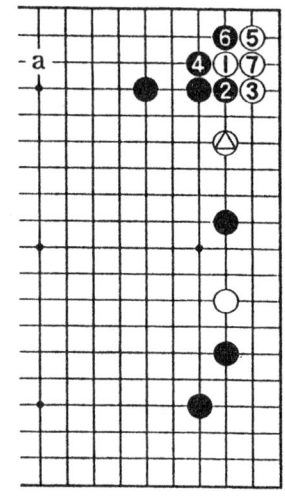

4도

5도

게 생각됩니다.

正夫 제가 아마 고단자와 하면 백은 3·3으로 들어옵니다.

大竹 그것은 흔히 있읍니다. 이 경우 **4도**의 백1. 백으로서는 **3도**와 같이 두면 언제까지나 힘드니 빨리 3·3으로 들어가려는 것입니다. 백7까지, 이 후 견고하게 둔다면 흑a, 크게 둔다면 흑b, 또 c 부근에 흑돌이 있으면 d에 뛰어붙여 멈추는 수도 있읍니다.

春子 3·3에 대해 항상 어느쪽에서 누를지 당황합니다. **5도**는 안됩니까.

大竹 a 부근에 흑돌이 있고 집에서 가고 싶을 때는 그렇게 둡니다. 그래도 ◎ 가 편해지므로 뛰어든 의도에서 보면 역시 **4도**가 진짜일 것입니다. 접바둑이니까 더욱 **4도**의 큰 모양 작전으로 두십시오.

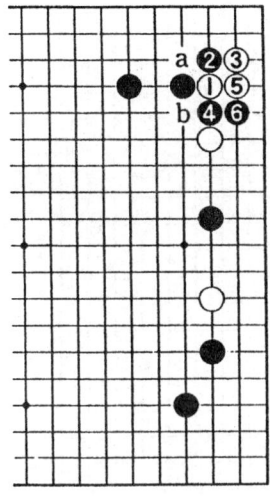

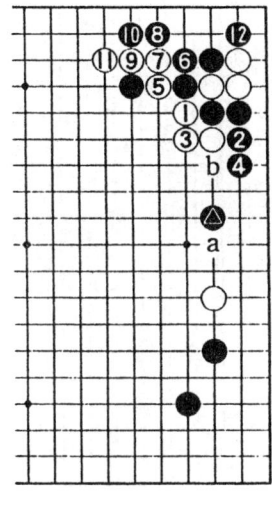

6도

7도

正夫 내키지 않는 것은 **6도** 백1·3의 2단 젖힘입니다. 3·3이라면 **4도**와 같이 두지만 이 2단 젖힘에는 늘 고민합니다.

大竹 여러 가지 정석이 있는데 좋은 수를 가르쳐 드릴까요. 흑4·6으로 강하게 찌릅니다. 특히 접바둑에서는 이것이 간명. 백a 끊음은 흑b에 이어 외세에 둡니다.

春子 귀를 망치는 것은 그래서 좋군요.

大竹 **7도** 백1로 밖을 끊으면 흑2·4. 백5·7에는 흑8에서 12까지, 이번에는 흑이 실리를 취합니다. 이 실리는 좋고 크므로 둘 수 있습니다. ●가 a에 있을 때는 흑4는 b에 젖힙니다.

春子 상당히 긴 수순이군요. 기억할 수 있을까.

正夫 **6도** 백a는 흑b로 흑이 외세. **7도**는 흑이 실리. 정반대이지만 양쪽 모두 둘 수 있습니다. 2단 젖힘에 대

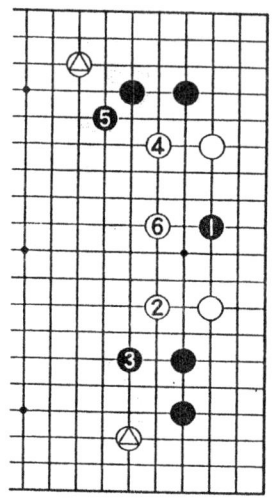

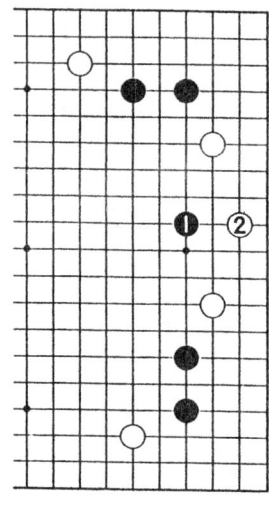

8
도

9
도

해서는 이 정석을 하나만 기억해 둡시다.

大竹 그럼 8도는 어떻습니까. 어떻게 뛰어드느냐가 테마입니다. △의 두 점의 존재에 주의를 하십시오.

正夫 마찬가지 5칸 폭. 흑1로 뛰어들지……

大竹 백2로 뜁니다. 다음에 백3의 봉쇄가 있으므로 흑3. 백4도 백5의 봉쇄를 노리므로 흑5는 절대. 그래서 백6으로 뚜껑을 덮습니다.

正夫 흑1의 돌이 괴로울 듯.

大竹 괴로운 게 문제가 아닙니다. 이 돌은 먹히고 있읍니다. 물론 이 그림은 흑이 안됩니다. 백2, 백4가 사니 깊이 뛰어드는 것은 위험합니다.

春子 그러면 9도 흑1이 정해입니까.

大竹 그렇습니다. 이 경우는 얕게 뛰어드는 것이 좋습니다. 백2로 건네 주면 그것으로 충분. 흑1의 돌을 움

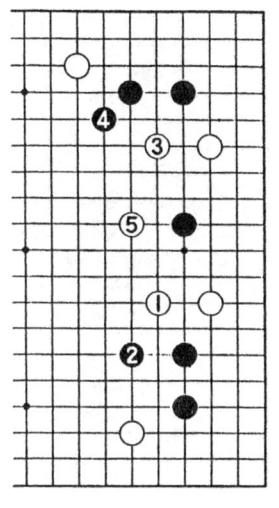

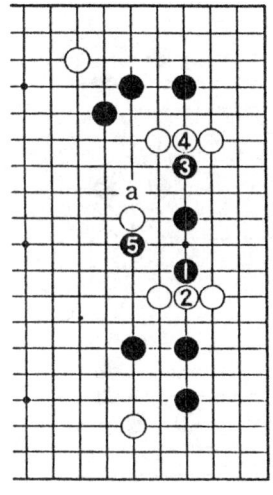

10도

11도

직일 필요는 없습니다.

正夫 기다려 주십시오. 역시 10도 백1·3에서 5로 모자씌움을 하지 않습니까. 이것으로 역시 괴로울 듯…

大竹 8도와는 큰 차이입니다. 11도 흑1도, 흑3도 둘 수 있고, 흑5의 붙임으로 탈출할 수 있습니다. 탈출의 길은 흑5와 흑a로 두 개 있습니다.

正夫 탈출할 수 있으면 좋겠군요. 3선 뛰어들기와 4선 뛰어들기, 두 개 있어 어느쪽은 좋고 어느쪽은 나쁘다. 이 판단은 아주 어렵겠군요.

大竹 어려운 경우도 있습니다.

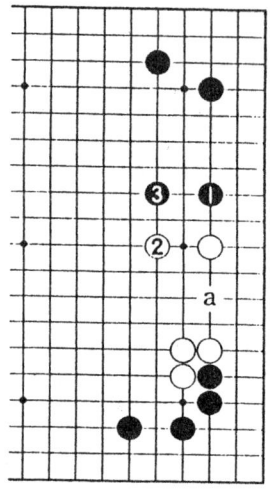

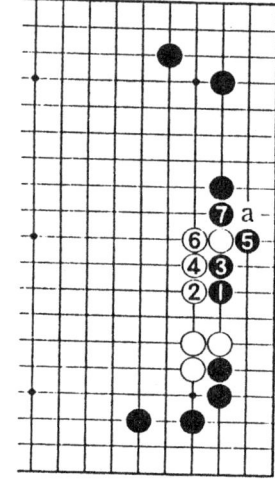

제
6
형

1
도

뛰어들기의 진행

大竹 제 6 형을 보십시오. 흑 1 의 메움은 매우 큰 수입
니다. 왜 큰가 하면 a의 뛰어들기가 있기 때문입니다.

正夫 '세 칸에 뛰어들기 있다'

大竹 백 2 로 뛰어들기를 수비하면 흑 3 으로 모양을 넓
히는 수가 또 커집니다. 그것은 어쨌든, 흑a의 뛰어들기를
테마로 합시다. 뛰어들기를 노려 메우는 것과 아무런 표
적도 없이 희미하게 메우는 것은 같은 메움이라도 내용에
큰 차이가 있읍니다. '다음의 표적'을 중요시 하십시오.

正夫 백을 지키지 않으면 1 도 흑 1 로 뛰어드는군요. 백
2 에 붙입니까. 흑 3 · 5 로 건넙니까. 흑 7 은 a입니까.

大竹 아니, 이 때는 흑 7 이 좋습니다.

正夫 이 모양, 저는 늘 둡니다.

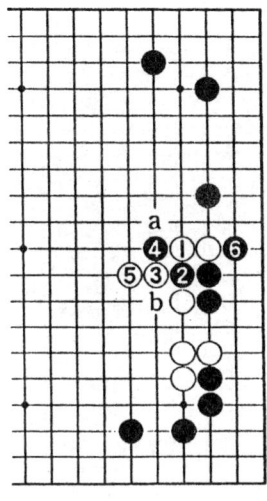

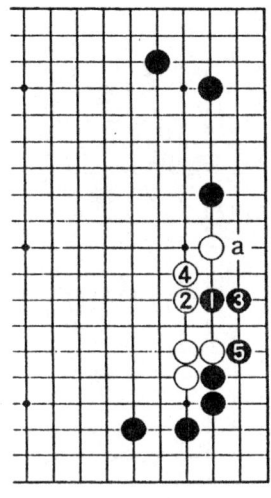

大竹 흑7까지 뛰어들기의 기본 정석입니다.

正夫 예! 아무것도 모르고 정석을 두다니, 저도 상당하군요.

春子 1도는 그렇게 어렵지 않습니다.

大竹 1도는 일단 뛰어들기 성공입니다.

正夫 늘 무섭다고 생각하는 것은 2도 백1의 세움입니다.

大竹 무서워할 것은 없읍니다. 흑2·4에서 6으로 건넙니다. 백a의 축이 문제인데…… 흑4에서 b의 쪽을 끊어도 둘 수 있읍니다. 또 3도 흑3으로 내려 5의 건넘과 3의 붙임을 노리는 수도 있으니 뛰어든 돌이 먹힐 걱정은 만에 하나도 없읍니다. 흑3은 맥이 좋은 수입니다.

正夫 4도 백2로 마늘모하면?

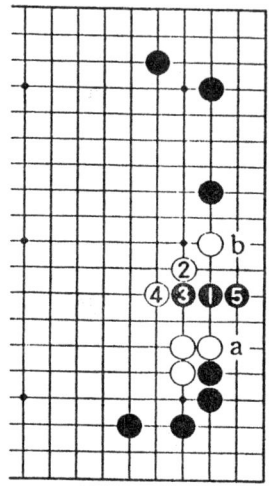

4
도

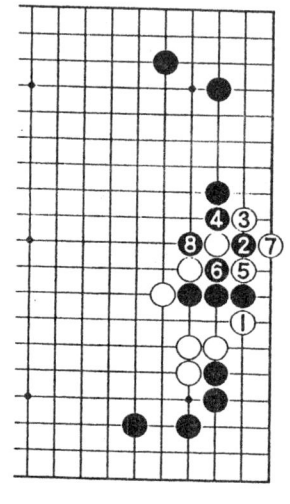

5
도

　大竹　흑3으로 나와 뚜껑을 덮고 흑5에 내립니다. a와
b가 대응. 즉 5도 백1이라면 흑2로 거의 건너게 합니
다. 백3에 흑4로 끊고 흑8까지 패.

　春子　큰일이군.

　大竹　큰일은 백. 패에 지면 전체가 산산조각나므로. 안
전운행으로 간다면 **6도**와 같이 가도 좋습니다. 흑5까지
따면 흑 성공입니다.

　春子　아, 다행이군.

　大竹　여러 가지 변화가 있습니다. 여기에 든 것은 전체
의 십 분의 일 정도. 어떻게 변화해도 흑이 둘 수 있습니다.

　正夫　그것은 즉 '뛰어들어야 한다' 라는 것이군요.

　大竹　그렇습니다. 뛰어들 곳은 뛰어드십시오. 뛰어들어
집을 망칠 뿐 아니라 적돌을 공격할 경우는 더더욱.

　春子　그 말을 들으니 무서운 기분이 없어진 것 같습니

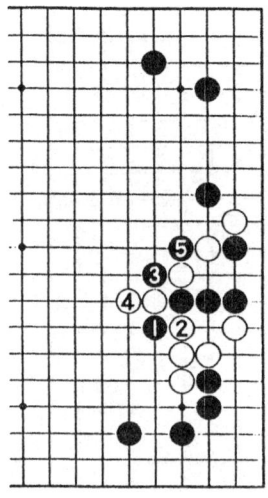

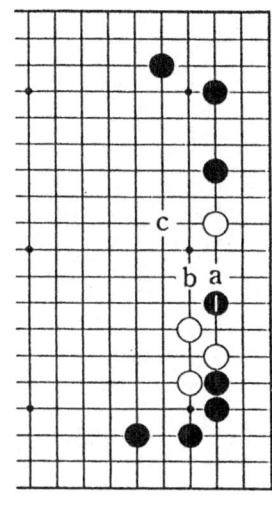

다.

正夫 또 하나 강해졌읍니까? 大竹 선생님, 7도 흑1의 뛰어들기도 이것과 아주 비슷합니다. a보다도 흑1의 편이 좋습니다.

大竹 파괴력에서 말해도 아까의 뛰어들기에 필적합니다. 확실히 좋은 뛰어들기입니다. 놓치고 싶지 않습니다. 백이 1의 뛰어들기에 앞장서 지킨다면? 春子씨.

春子 백b의 포위입니까.

正夫 하하하.

大竹 뭘 웃읍니까. 백b는 좀 소극적. 백c로 뛰어 지키십시오. 그 편이 중앙에 영향력이 강하니……

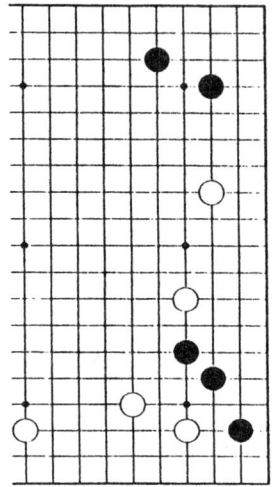

제 7 형

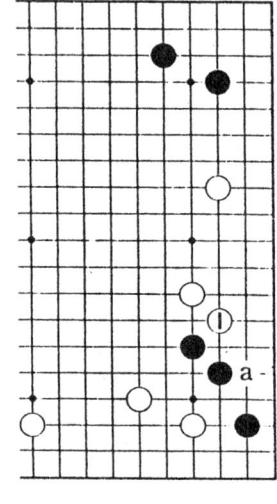

1 도

필쟁점에 뛰어들기

正夫 그렇지만 강한 사람은 태연하게 점차 뛰어듭니다.

大竹 단, 닥치는 대로는 안됩니다. 뛰어들어 자기도 몰래 먹히는 것은 아주 보기 싫습니다.

正夫 반대로 몰래 따는 일도 있읍니다.

大竹 어느쪽도 자만하지 못합니다. 그럼 또 다음의 테마로 갑시다. 제 7 형입니다. 이러한 배치는 자주 실전에 나옵니다. 이 모양이 생기면 눈이 가는 곳이 한 군데 있읍니다.

正夫 한 군데로 좋습니까?

春子 그 하나가 큰일입니다.

大竹 그렇습니다. 큰일입니다. 백부터 둔다면 1 도 백 1 의 마늘모가 급소가 됩니다. 이 수는 자군을 지키면서

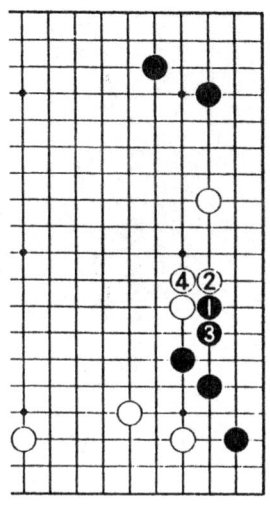

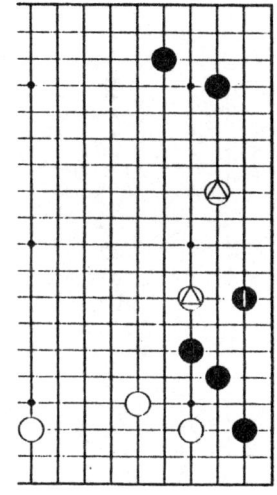

백a의 붙임, 즉 모양이 깨지기를 기다립니다.

正夫 a에 붙입니까.

大竹 그럼 흑에서 어떻게 둡니까. 이것이 테마입니다.

春子 1도가 힌트이군요. 그러면 2도의 붙여당김일까 ……

正夫 그것은 백을 굳혀 나쁘지 않습니까. 3도 흑1로 미끄러지는 수가 있습니다. 이것이 모양입니다. 동시에 ◬의 두 점을 부상시킵니다.

大竹 2도도 3도도 확실하지 않습니다. 더욱더 엄한 수를 찾으십시오.

正夫 더욱더 엄하다? 뛰어들기? 방금 '뛰어들기의 진행'을 가르쳐 주셨는데.

春子 저희는 금방 잊어버립니다.

大竹 잊지 않도록 하십시오. 4도 흑1의 뛰어들기. 이

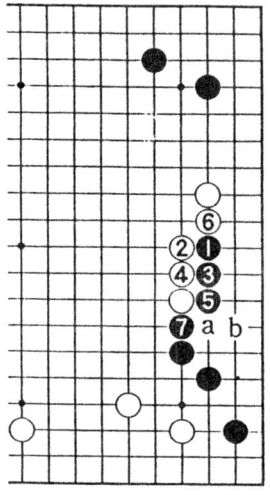

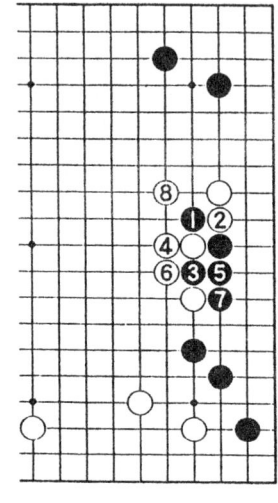

것이 정해입니다. 백2 이하 흑7 까지. 정석과 같은 것으로 대체로 이렇습니다. 마지막의 흑7 은 두지 않으면 백a, 흑b, 백7 이 있으므로 흑은 약해집니다. 그러므로 흑7은 두터운 필요한 한 수입니다.

잘 기억해 두시기 바랍니다.

春子 4도와 같이 되는 것이 정석입니까? 5도 흑1로 뛰고 나서 3에 맞대는 것은 어떻습니까.

大竹 그것이 초급자에게 많은 나쁜 속법입니다. 속맥이라 해도 좋을 것입니다. 즉 백8 까지에서 흑1 의 돌이 쓸모없는 수가 됩니다. 뻗길 필요가 없는 돌을 일부러 뻗기고 있으니까요. 이 그림은 흑이 선수라도 백을 튼튼하게 하므로 좋지 않습니다.

正夫 6도 흑1에 끼어드는 수는 없읍니까. 이 끼어들기는 무슨 책에서 읽은 일이 있읍니다.

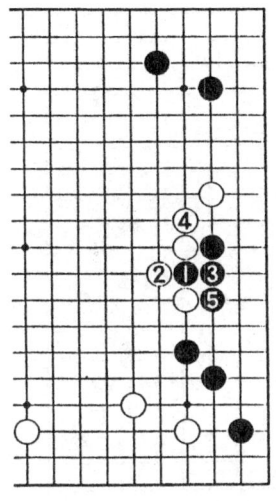

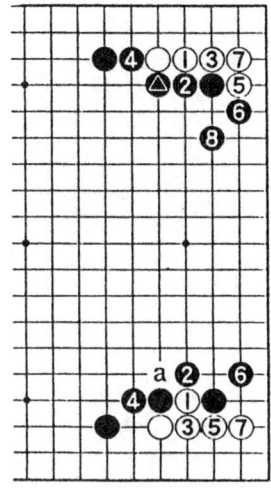

6
도

7
도

大竹 흑 5 가 되면 나쁘지 않습니다. 즉 흑 1 은 백의 벽에 뚜껑을 덮는 수입니다.

여기서 끼어들기의 맥에 대해 한 마디 하겠습니다. 7도의 윗그림 한 칸 굳힘의 수빼기 정석에서 ◆로 붙였을 때, 귀를 살리려 백 1 로 뻗지 않으면 안되므로 백 괴롭게 보일 수 있습니다. 흑 8 까지 흑의 외세는 상당히 두텁고 백 불충분합니다. 가능하다면 **아래 그림** 백 1 로 끼어들지 않으면 안됩니다. 백 7 로 냉정하게 내리면 a의 단점을 노릴 수 있었습니다. 이것이라면 백도 둘 수 있지만, 단 조건이 있습니다. 백은 축이 유리하지 않으면 끼어들기는 둘 수 없습니다. 8도의 윗그림 백 1 에 흑 2 · 4 로 두는 수가 있기 때문입니다. 이 때 백 5 로 축으로 따지 않으면 안됩니다. 따면 백 좋습니다. 아래그림 흑 1 · 3 으로 빼서 건너는 것은 흑이 불충분.

184

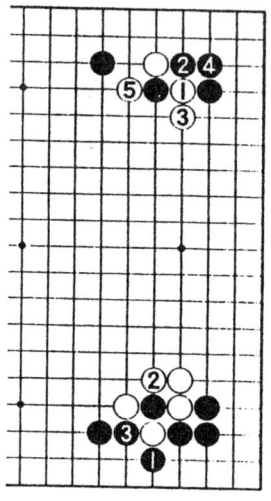
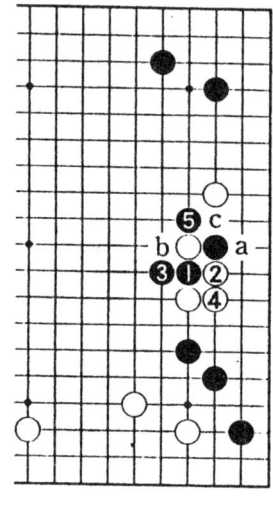

도

9
도

다시 9도 흑1의 끼어들기에 대해서 앞의 6도와 같이 되면 그저 그렇지만, 백의 변화기를 생각해 두지 않으면 안된다. 그 하나는 백2·4. 흑5로 축으로 따면 흑이 안된다는 것은 지금 막 설명하였읍니다. 축으로 따면 좋고 백a, 흑b, 백c는 흑도 견고합니다.

春子 알았읍니다. 그래도 흑 축이 불리하면 10도 백1에 흑2로 이을 수는 없읍니까.

大竹 백3으로 감싸고 흑4로 꺾어 대비합니다. 그러나 이 그림은 백군에 승기가 올랐읍니다. 그것은 한가운데의 두 점을 따는 것은 가장 크고, 덤으로 오른쪽 아래의 귀의 흑 세 점이 약하기 때문입니다.

正夫 요컨대, 축이 불리하면 끼어들기는 둘 수 없다는 것입니까.

大竹 또 하나 생각해 두어야 할 것이 있읍니다. 그것은

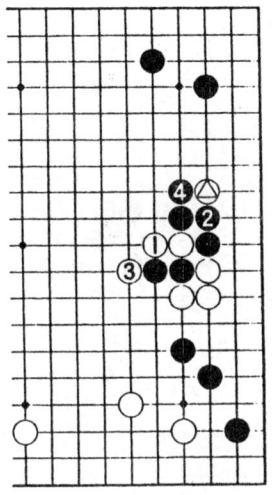 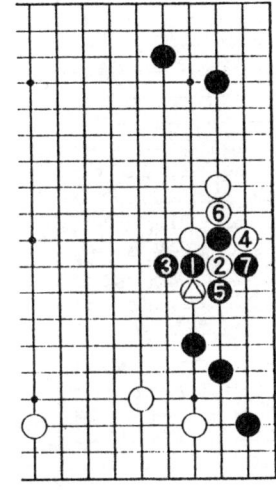

10
도

11
도

11도 백 2 로 아래를 끊고, 4 로 감싸지는 않느냐는 것입니다.

正夫 흑 5 로 끊어 △의 돌을 따러 갑니다.

大竹 압니다. 흑은 그렇게 두는 수밖에 없으니 더우기 흑 7 로 맞대어……

正夫 패는 할 수 없으니 12도 백 1 의 이음일 것입니다. 흑 2 로 감쌉니다.

大竹 경우에 따라서는 백 4 로 움직이는 수도 있지만 백 3 으로 끊습니다. 이 그림, 흑은 두텁다고 해도 좀 굳은 형의 기미가 있읍니다. 백은 선수로 튼튼해졌읍니다. 즉, 이렇게 해서 변화하는 것이 유력합니다.

그러므로 결국 앞의 **4도**와 같이 잠자코 뻗는 것이 간명하다는 것입니다. 단, **7도**에서 보듯이 끼어들지 않으면 안되는 일도 있으니 주의하십시오.

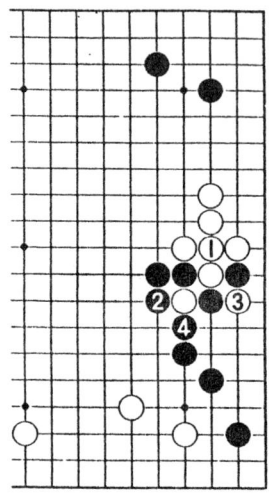

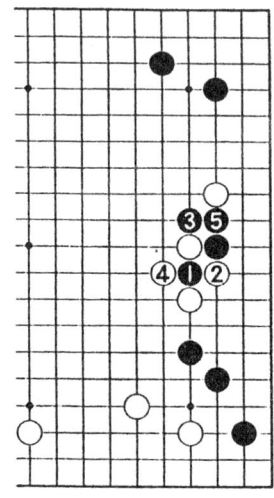

12도

13도

春子 하나 질문이 있습니다. 13도 흑1, 백2일 때 흑 3으로 맞대는 수는 없군요. 빼게 해서는 안되는군요.

大竹 물론 대악. 그 정도라면 10도와 같이 두 점으로 따게 하는 것이 이득입니다.

正夫 그것은 14도 흑1, 백2의 맞댐일 때 흑3·5라는 것도 안된다는 것이군요.

大竹 그렇습니다. 그런 그림은 머리 속에 조금도 넣어 두지 마십시오. 하물며 다른 그림과 비교하여 당황하는일 은 당치않습니다.

正夫 저는 괜찮습니다. 하지만 春子씨가……

春子 저, 앞으로는 주의하겠습니다.

正夫 처음으로 돌아가 15도 흑1일 때 백2로 막지 않 습니까.

大竹 이것은 또 아주 고집스런 방법이군요. 그래도 흑

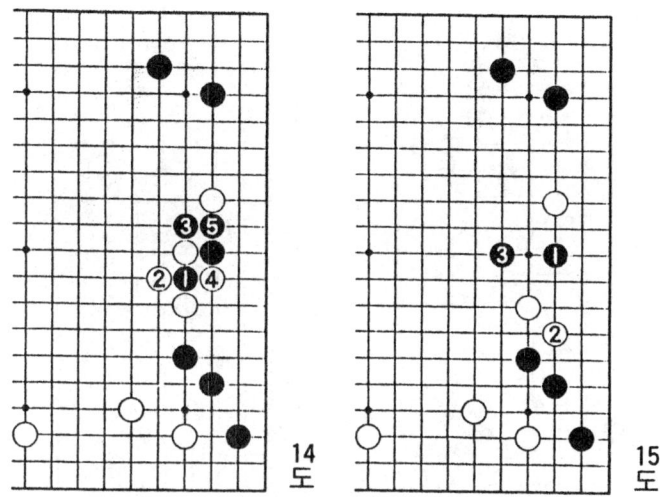

3으로 유유히 뛰어 둘 수 있읍니다. 백의 대비를 둘로 양
단했으므로.

　正夫 과연, 백이 괴로울 것 같습니다.

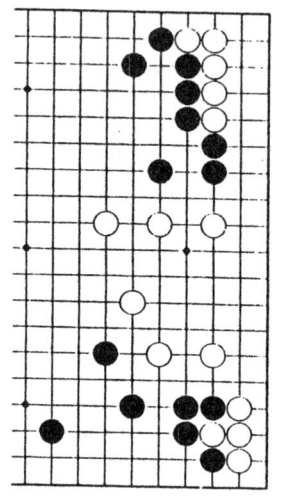

제 8 형

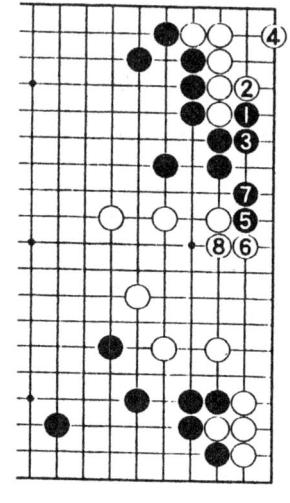

1 도

산 맥의 잡는 법

大竹 그럼 마지막 테마로 갑시다. 제 8 형, 돌이 복잡하게 얽혀 있는데 우변의 백집을 망가뜨릴 수를 찾아보십시오.

正夫 이 백집을 망가뜨릴 수가 있읍니까.

春子 도저히 망가뜨릴 수 없을 것 같은데요. 완전한 백집인데요.

大竹 그럼 오른쪽 위의 귀를 보십시오. 이 귀를 어떻게 끝내겠읍니까?

春子 1 도 흑 1 · 3 의 젖혀이음.

正夫 이 젖혀이음은 선수이죠? 백 4 로 손을 대지 않으면 젖혀 죽게 되니까.

大竹 그리고 나서. 우변의 백집을 어떻게 끝냅니까?

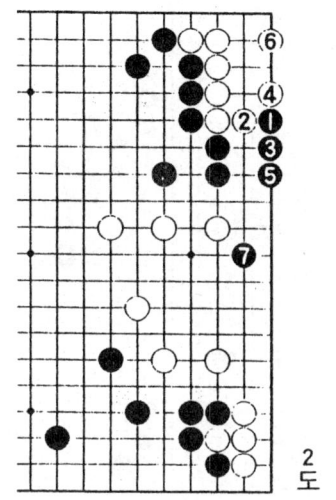 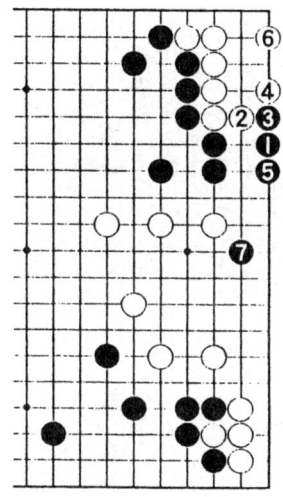

正夫 흑5의 붙여당김. 흑5에서 마늘모하기 보다 이렇게 붙여당기는 편이 좋을 것 같습니다.

大竹 그것은 그렇군요. 그래도 1도의 끝내기로는 조금도 백집에 파고들지 못합니다. 그것은 위의 귀와 변의 끝내기를 각각 생각하고 있기 때문입니다. 이것을 관련지으면 좋은 끝내기를 발견할 수 있읍니다. 2도 흑1로 이곳에 둡니다.

正夫 무엇입니까? 그것은.

大竹 백2에 흑3으로 당깁니다. 백4에 흑5. 귀는 수를 빼면 패가 되므로 백6의 대비가 필요. 그래도 흑7로 뛰어듭니다.

正夫, 春子 ?

大竹 3도 흑1의 한 칸 뜀으로 좋습니다. 결국 흑5까지가 선수로 흑7.

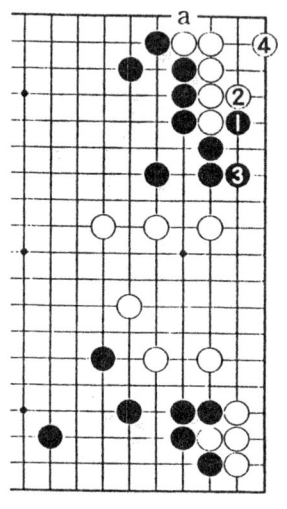

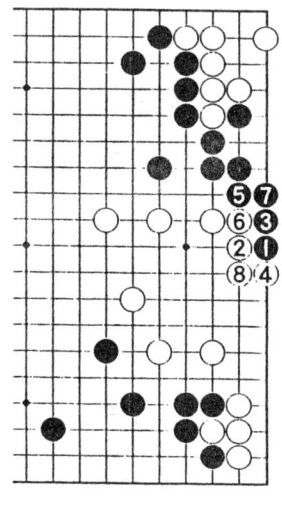

4도

5도

正夫 과연 흑 7 에 뛰어들면 좋군요. 그래도 귀의 백의 응대는 도리없읍니까.

大竹 이렇다 할 수는 없읍니다. 아무리 하여도 1 선에 돌이 오므로 뛰어들기는 막을 수 없읍니다.

正夫 잠깐, 4 도 흑 1 에서 3 으로 걸쳐잇는 수는 없읍니까. 이것도 귀에 살아 있으므로 백 4 를 두지 않으면 a 에 젖혀 죽을 것입니다.

大竹 그런 식으로 살리는 것이 유력한 일도 있읍니다. 그래서 그 후 어떻게 두겠읍니까?

正夫 5 도 흑 1 의 미끄러짐을 둘 수 있읍니다. 백 8 까지가 될 것입니다. 이것이라면 상당히 파고들고 있으니.

大竹 春子씨 알겠읍니까.

春子 예.

大竹 그래도 正夫씨, 이 그림을 앞의 2 도, 3 도와 비

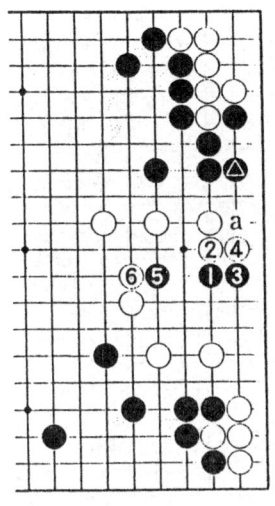

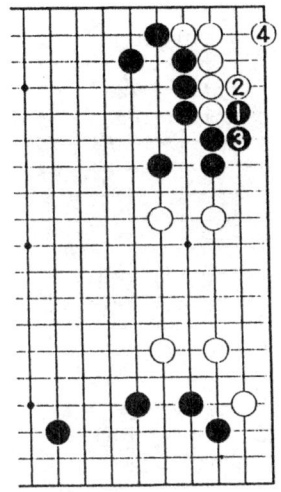

교해 보십시오. 2도, 3도의 쪽이 백집을 많이 망치고 있읍니다.

正夫 그런가. 유감인데.

大竹 그렇게 유감스러울 건 없읍니다. 상당히 좋은 수를 발견했으니. 또 하나 말하면 6도 ●에 돌이 오면 흑 1의 뛰어들기를 노릴 수 있읍니다. a의 건넘이 있기 때문에. 하지만 이 경우는 도저히 무리. 백 2·4로 가로막혀 힘듭니다.

正夫 ●의 내림은 미끄러짐 뿐만 아니라 뛰어들기도 노리고 있군요.

大竹 그럼, 이번에는 모양을 조금 바꾸어 봅시다. 7도입니다. 흑의 차례에서 어떻게 두겠읍니까.

春子 흑 1·3의 젖혀이음은 거기도 안되겠지요.

大竹 그 젖혀이음은 별다른 수가 없을 때 둡니다. 이제

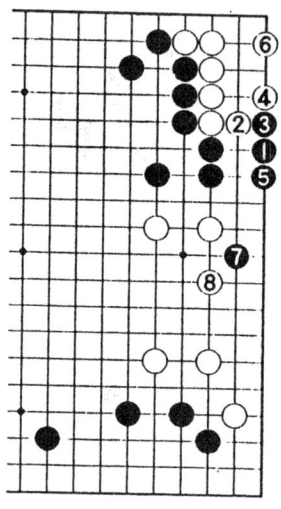

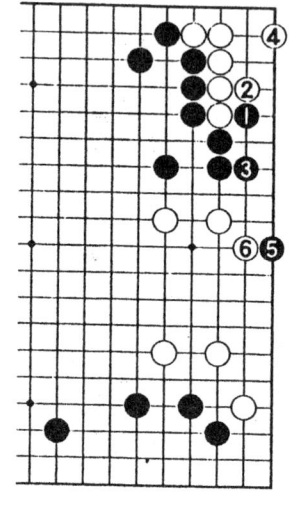

막 공부한 것을 생각하십시오.

正夫 예의 그 맥으로 가겠읍니다.

大竹 그 맥?

正夫 뭐드라, 뛰어들기……

春子 8도 흑1의 뜀이죠? 흑3으로 날일자로 두어도 좋겠지요?

正夫 그렇습니다. 春子씨는 잘 기억하고 있군요. 흑3·5로 흑7의 뛰어들기, 어떻습니까.

大竹 좋습니다. 백도 약하니까 백8로라도 지키는 수밖에 도리가 없을 것입니다. 이것은 일단 흑 성공도입니다.

正夫 일단입니까?

春子 더 좋은 수가 있읍니다. 아까 正夫씨가 말한 9도 흑1·3은 어떨까. 백4로 귀를 지켜……

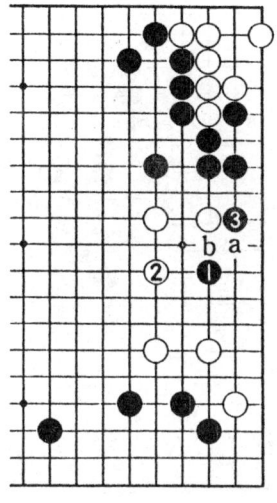

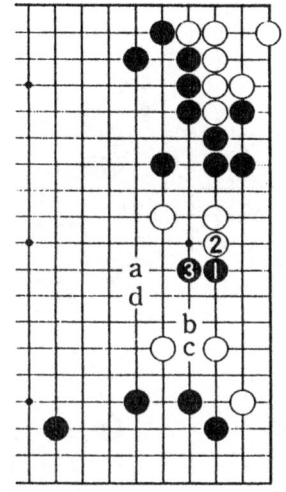

正夫 흑5의 미끄러짐……

大竹 그것은 불만. 백6으로 멈추어 약한 백진이 오히려 굳어질 것입니다. 그래서 미끄러짐 같은 것은 두지 않고, 10도 흑1로 뛰어들기를 노리는 것입니다.

正夫 이번에는 백의 대비가 약하니 이 뛰어들기를 둘 수 있군요. 백2이라면 흑3의 건넘이 있습니다.

春子 건너고 있군요. 백a라면 흑b에 끊으면 되겠지요?

正夫 그래도 11도 백2로 건너지 못하게 하면?

大竹 아까 正夫씨가 말했지요. 백의 대비가 약하다고. 흑3으로 두어 정정당당하게 싸웁시다. 백a는 약하고 또 흑b, 백c, 흑d에서 머리를 내미니까.

正夫 머리를 내밀면 백돌을 양단하게 됩니다. 양단할 수 있으면 좋을텐데.

大竹 백도 그렇게 되면 곤란합니다.

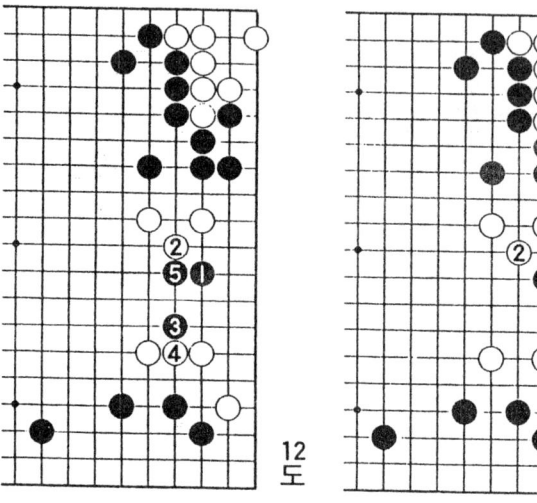

大竹 그래도 12도 흑1일 때 백2로 마늘모하면 어떻습니까. 흑3의 엿보기에서 흑5의 밀기. 이것은 흑도 쉽다고는 할 수 없읍니다.

正夫 그것은 곤란합니다. 뛰어들기가 확실치 않으면 대체 어떻게 하면 됩니까?

大竹 처음에 13도 흑1로 뛰어들어 보겠읍니다. 이것이라면 안전할 것입니다. 백2로 마늘모하면 이번에는 흑3·5의 맥으로 갑니다.

正夫 흑9까지 안심하고 건널 수 있군요.

大竹 이 그림을 앞의 8도와 비교해 보십시오. 이쪽이 일보 백진에 파고들었을 것입니다. 그러므로 뛰어들기 성공입니다.

正夫 14도 백2라면 흑3·5로 살겠지요. 유유히 흑7로 건널 수 있으니.

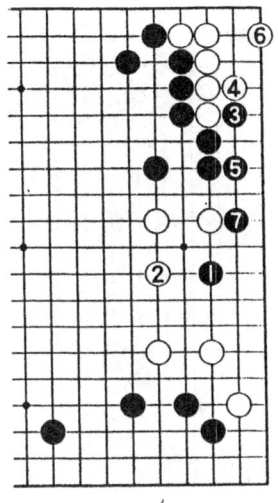

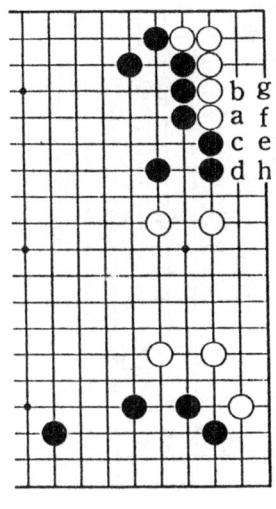

14도

15도

大竹 백 2에 13도의 건너기로 가도 좋습니다. 확실히 흑 3·5에서 7로 좋습니다.

春子 여러 가지를 생각하지 않으면 안되겠군요. 하나만 읽어서는 안되고……

大竹 그렇습니다. 하나만으로 좋다는 장면은 좀처럼 없 읍니다.

15도, 정리하면 귀의 백에 대한 방법은 세 가지 있읍니 다.

1, 흑a, 백b, 흑c의 평범한 젖혀이음.

2, 흑a, 백b, 흑d의 걸쳐이음.

3, 흑e, 백a, 흑f, 백g, 흑h……

이 세 가지를 잘 사용해야 합니다.

春子 저는 1의 젖혀이음 밖에 몰랐읍니다. 또 하나 강 해진 것 같습니다.

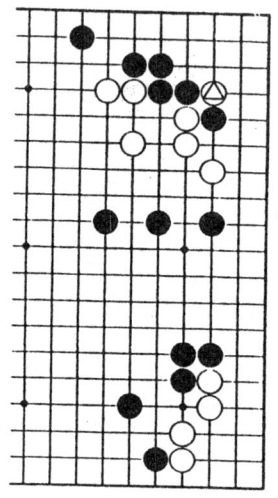 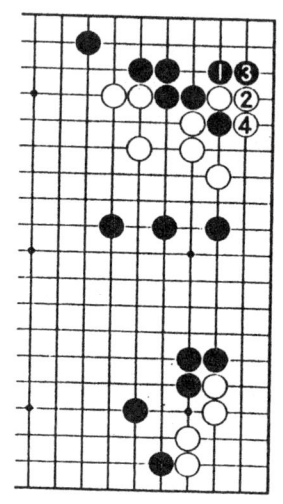

〈휴게실〉맥 세 문제

大竹　1도 △로 끊었습니다. 이곳은 어떻게 되겠습니까.

春子　2도 흑1·3으로 두고 귀를 수습할 것 같군요. 그것은 안될 텐데.

大竹　그 정도라면 문제로 내지 않습니다.

正夫　아, 알았다. 大竹 선생님, 시시한 문제를 내셨군요.

大竹　죄송합니다. 正夫씨에게는 좀 쉬울 것 같군요. 그럼 春子씨, 분발하여 정해를 말해 보십시오.

春子　3도 흑1에 맞대는 것이 좋습니까. 반대로 흑3쪽으로 눌러도 백4로 기어옵니다. 백4에 흑a로 당기는 …….

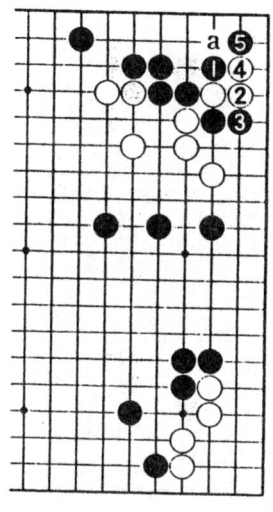 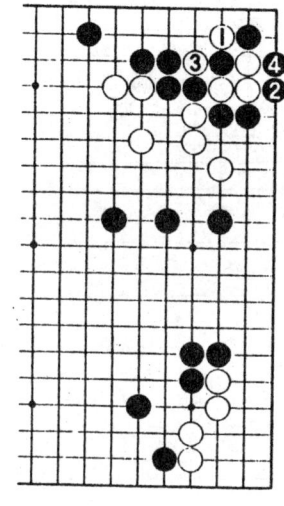

正夫 흑a에 당기는 것은 교전. 패배입니다.

春子 그래도 흑5에 누르는 것은 백a로 끊깁니다.

正夫 그것이 문제입니다.

春子 4도 백1로 끊을 수 있습니다. 흑2로 맞대어도 백3으로 먹힙니다. 아, 흑4가 좋군요. 大竹 선생님, 어느 사이에 땄습니다.

大竹 어느 틈에는 다행입니다. 지금 같이 나열하지 말고 4도를 머리 속에 그리는 훈련을 하십시오. 한 가지이니 간단하게 수를 읽을 수 있을 것입니다.

正夫 大竹 선생님, 지금 것은 유치원이었습니다.

大竹 그럼 이번에는 국민학교. 5도인데 ◎의 돌을 딸 수 있습니까.

正夫 大竹 선생님, 같은 문제를 반복하는 것은 대체 어떤 의미입니까.

198

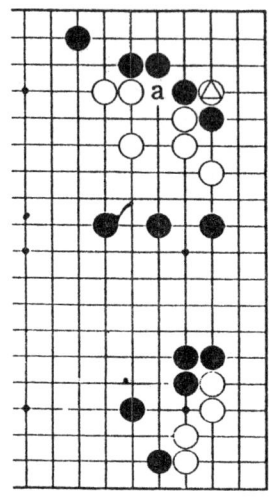 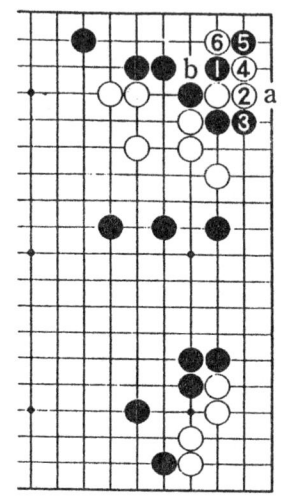

春子 正夫씨, 잘 보십시오. 좀 다릅니다. 아까는 a에 흑
돌이 있었지만 이번에는 없습니다.

正夫 그렇습니까. 그래도 그런 것이 관계있읍니까. 하
여튼 6도 흑1·3으로 가 봅시다. 흑5로 누르고……

大竹 백6으로 끊으면?

正夫 흑a……

春子 正夫씨, 백b로 빼면 흑의 1집이 단수가 됩니
다.

正夫 그런가. 백b로 빼면 안돼지.

春子 좀 덜렁거렸군요.

正夫 잠깐, 무슨 책에서 읽은 일이 있읍니다. 아니,실전
에서도 둔 일이 있읍니다. 7도 흑1로 잇는다!

大竹 그 수에 생각이 미치면 됩니다.

正夫 백2에 흑3으로 두 점으로 버립니다.

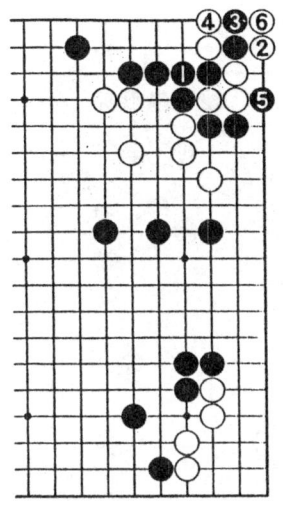

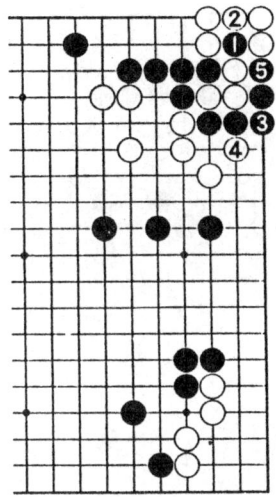

7도

8도

春子 백 6 으로 먹혀도 됩니까.

正夫 됩니다. 8 도, 그 후 흑 1 로 뛰어들어 흑 3 으로 잇고, 교전. 흑 승리.

春子 굉장하군요.

正夫 어떻습니까, 大竹 선생님.

大竹 그대로입니다. 혼자서 잘 풀었읍니다. 이 맥은 기본적인 것으로, 기억해 두면 반드시 이용가치가 있읍니다. 그래도 正夫씨, '국민학교' 수준의 문제에 의외로 애먹었군요.

正夫 이번에는 어떤 문제입니까?

大竹 중학교 수준입니다. 9 도인데 오른쪽 위의 백의 일단에 눈을 돌리십시오.

正夫 이 백이 어떻다는 것입니까.

大竹 a나 b의 부근이 웬지 약한 것 같을 것입니다.

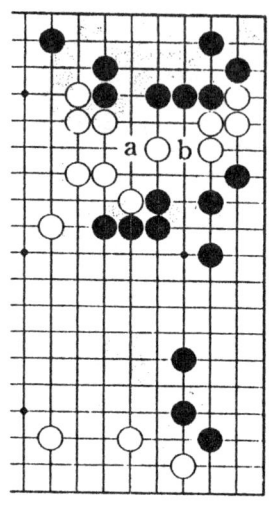

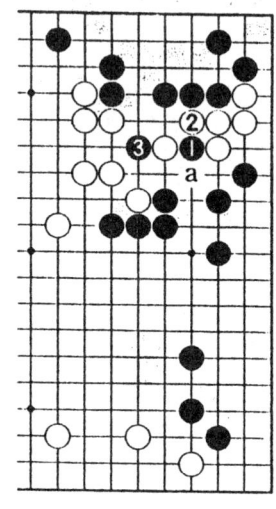

9
도

10
도

正夫 듣고 보니 그런 생각도 듭니다만, 듣지 않고는 전혀 모르겠읍니다.

春子 어쩐지 아주 어려울 것 같군요. 이런 것, 正夫씨 손들지 않습니까?

正夫 그런 일은 없겠지만 여러 가지 폭넓은 장면입니다. 여러 가지 수를 읽지 않으면 안됩니다.

大竹 조금도 넓지 않습니다. 正夫씨, 손들면 정해를 가르쳐 드리지요.

正夫 시간 절약을 위해 손들겠읍니다.

大竹 10도 흑1에 끼어듭니다. 백2에 흑3으로 붙입니다.

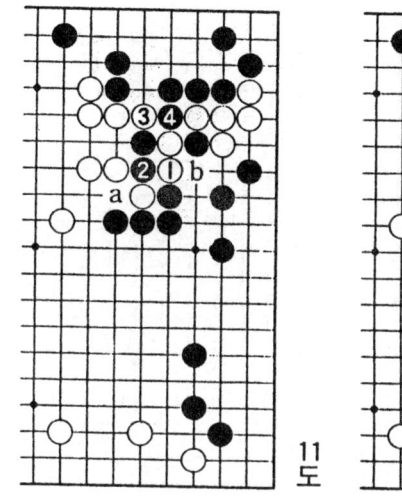

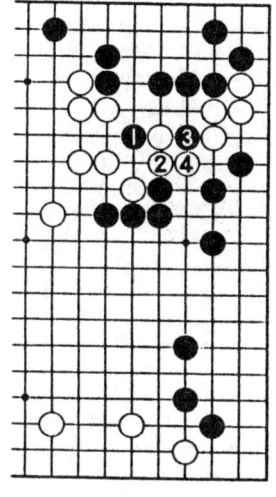

11도

12도

春子 백2에서 a라면.

大竹 그것은 간단합니다. 흑2로 잇고 있어 어느쪽을 끊을 수 있으니까. 그래서 10도 다음인데, 11도 백1이라면 흑2로 들어가 흑4로 끊으면 a와 b가 대응. 깨끗이 절단되었습니다.

正夫 흑2는 4로도 좋은 듯……

大竹 그래도 좋습니다. 백1에서 3에 두는 것은 흑4에서 역시 끊고 있습니다. 12도, 먼저 흑1로 붙이는 것은 실패입니다. 흑3일 때 이번에는 백4쪽으로 받게 되므로 1과 3의 수순이 중요합니다.

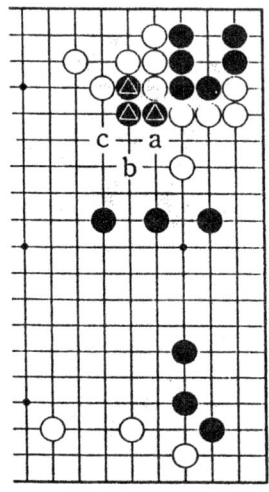 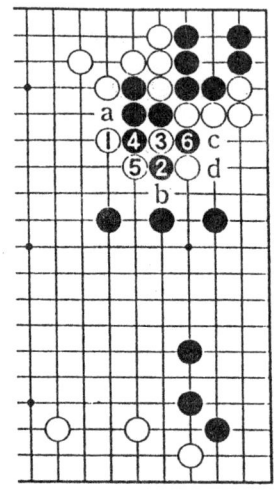

大竹 마지막으로 한 문제 더. 13도인데 백선에서 ● 세 점을 따보십시오.

正夫 ●을 따지 않으면 자기쪽도 약하다는 것입니까.

春子 a로 부풀거나 b로 뛰거나 하는 것은 흑c에 마늘모하여 달아나지 않습니까.

正夫 그렇고 말고. 이곳은 14도 백 1에 걸치는 것이 맥일 것입니다.

大竹 굉장하군요.

正夫 흑 5로 뛰면 백은 4로 나와 끊고 딸 수 있읍니다. 이것으로 끝.

大竹 흑 2로 붙입니다.

正夫 아, 그것이 있었읍니까. 백 5로 협공하는 것은 흑 3에 이어져 안될 것 같고…… 백 3에 끼어드는 것일까. 아, 알았다. 백 3에 끼어들어 5로 끊는 것이지요. 흑 6에

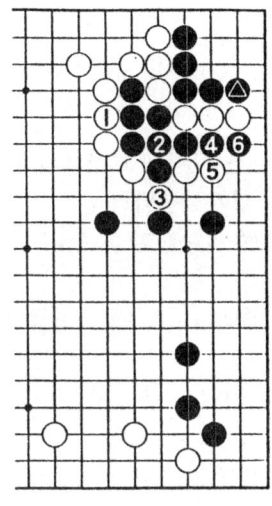 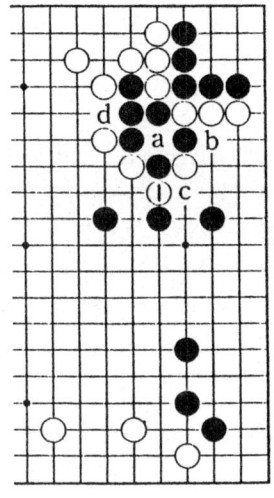

백a로 맞댐, 흑 이음, 백b, 흑c, 백d로 딸 수 있으니.

大竹 그대로입니다. 마지막에 와서 굉장히 훌륭했습니다.

正夫 이것이 보통인데.

大竹 15 도 ● 라면 어떻습니까?

正夫 백 5, 흑 6 으로 이번에는 안될까……

大竹 그 때는 16 도 백 1 에 맞대는 수가 있습니다.

正夫 흑a는 백b이니 이것은 패로군요. 흑이 어디를 끊어도 백은 빠져나갑니다.

大竹 굉장하군요, 바로 그대로입니다. 다만 흑c로 끊거나 하면 백d에서 네 점이 빠지지만.

맺음말

大竹 正夫씨는 마지막에 와서 약간 실력을 보였읍니다. 春子씨는 4일간 공부하고 어떤 느낌이었읍니까.

春子 제가 모르는 것 투성이었읍니다. 알고 있는 것은 전체의 십분의 일도 안될 정도.

正夫 저는 오분의 일 정도는 알았읍니다. 大竹 선생님의 문제는 유단자 대상이 많았읍니다.

大竹 그랬읍니까. 그래도 조금씩 어려운 문제에 도전하지 않으면 힘이 붙지 않습니다.

春子 大竹 선생님, 어떻게 하면 강해질 수 있는지 가르쳐 주십시오.

正夫 그것은 제 바둑 인생에서 최대의 테마입니다.

大竹 일반적으로는 4일간 공부한 것처럼 '모양' '맥' '급소' '공방', 이 네 분야에서 강해지는 것입니다. 이 네 가지는 바둑의 네 기둥이기 때문입니다.

5급의 春子씨는 특정인과만 두지 말고 유단자에게도 도전해야 할 것입니다. 지금의 시기는 일국이라도 많은 실전을 경험할 것. 1급의 正夫씨는 슬슬 이론적인 지식도 필요할 것입니다. 힘을 기르는 제일 좋은 방법으로써 사활문제를 많이 풀어 볼 것을 권합니다. 지금 수읽기의 훈련을 해두면 장래 반드시 도움이 될 것입니다.

正夫, 春子 예, 잘 알았읍니다.

판 권
본사
소 유

공격과 방어를 위한 결정적인 한수

2016년 5월 25일 인쇄
2016년 5월 30일 펴냄

옮긴이/ 프로바둑연구회
펴낸이/ 최 상 일
펴낸곳/ 태 을 출 판 사
서울특별시 중구 동화동 52-107 (동아빌딩내)
등록/1973년 1월 10일(제4-10호)

■주문 및 연락처

우편번호 １０ ０-４５６
서울특별시 중구 동화동 52-107 (동아빌딩 내)
전화 / 2237-5577 팩스 / 2233-6166
ISBN 89-493-0371-X   13690

"당신의 바둑실력이 두 배로 는다.!!"

최신판!! 프로바둑강좌시리즈

'머리의 바둑'은 '공격을 겸한 방어'이자, '방어를 위한 공격'이다.!!

프로바둑강좌 / 여성바둑

1 혼자서 배우는 바둑의 기초

9단 大竹英雄 지음·값

2 꼭 알아야 할 바둑의 기본

9단 大竹英雄 지음·값

3 알기쉬운 정석의 응용법

9단 大竹英雄 지음·값

4 맥을 알아야 바둑을 잘 둔다

9단 大竹英雄 지음·값

5 실전에서 이기는 법

프로바둑 연구회 편·값

프로바둑강좌 / 고급활용편

1 정석을 무시한 승부의 테크닉

10단 小林光一 지음·값

2 맥과 모양을 잡는 반짝이는 한수

10단 大竹英雄 지음·값

3 대세를 결정짓는 다음의 한 수

10단 大竹英雄 지음·

4 상대를 압도하는 강한 바둑 구상력

本因坊 武宮正樹 지음·값

5 공격과 방어를 위한 결정적인 한수

10단 大竹英雄 지음·

6 약점을 줄이고 장점을 늘리는 법

本因坊 武宮正樹 지음·

7 이것만 알면 당신이 백을 쥔다

本因坊 武宮正樹 지음·

8 유단자가 되는 화점공방의 비결

10단 大竹英雄 지음·

9 승부를 역전시키는 사활의 묘수

9단 林海峯 지음·

10 이 관문을 통과하면 프로5단이 된다

9단 加藤正夫 지음·